目录

Aa

第一课

将来的预兆

中国著名的学术打假斗士方舟子在他的文集中写道：“我是一位彻头彻尾的无神论者。我经过了很长时间才敢这么说……我没有证据证明上帝不存在，但是我强烈地猜测他不存在，所以我不愿为之浪费我的时间。”

为什么有人宁愿相信没有神的存在？

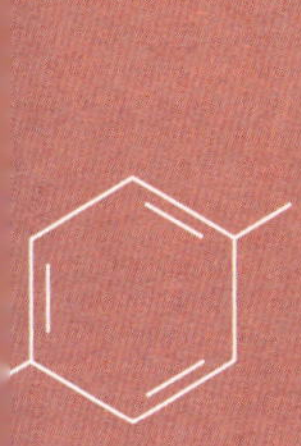

约翰福音20：30-31

1 约翰为什么要记下这些关于耶稣生平的事？

2 在约翰的记载中，耶稣的身份是他关注的焦点。你认为耶稣的身份是什么？你为什么这么认为？

传统上，犹太人认为基督（又称弥赛亚）是神所应许给犹太民族的领袖，这位领袖要带领整个民族战胜仇敌，享受平安与富足。在耶稣所生活的时代中，不同的群体都曾宣称自己是弥赛亚，但往往都是出于政治目的或是民族情结。

历史背景

在约翰的记载中，耶稣第一次在公开场合亮相是跟他的家人和朋友一起去参加一场婚礼。在第一世纪的巴勒斯坦地区，婚礼的重要意义和奢华程度远超今日。缔结婚约的意义不仅仅只是一男一女的结合，而且是象征着男女双方正式步入成年阶段。一场婚礼通常要持续一个星期，而婚礼所需的一切开支则完全由新郎一方承担。

约翰福音2：1-11

3 婚礼中，酒用尽了。如果新郎和新娘知道在婚礼进行的过程中，酒用尽了，他们可能会有怎样的感受？尤其当他们处在一个非常重视名誉和面子的文化中？

4 如果参加婚礼的宾客们知道酒用尽了，他们会对新郎产生怎样的印象？对新娘一家来说，他们会对这位女婿和他的一家产生怎样的印象？

在旧约圣经中（Hebrew Bible），酒代表欢乐，因此一场婚礼若是缺了酒，后果简直无法想象。因此当耶稣的母亲告诉他没有酒的时候，耶稣的回答实在有些让人摸不着头脑，尤其他还说："我的时候还没有到"（2:4）。那么如此看来，耶稣好像非常清楚自己要做的事情，也知道自己在地上的生命乃是为着一个特定的时刻。

迦拿的婚礼

2 [1]第三日，在加利利的迦拿有娶亲的筵席，耶稣
的母亲在那里。[2]耶稣和他的门徒也被请去赴
席。[3]酒用尽了，耶稣的母亲对他说："他们没有酒了。"
[4]耶稣说："母亲（原文是妇人），我与你有什么相干？我
的时候还没有到。"[5]他母亲对用人说："他告诉你们什
么，你们就做什么。"[6]照犹太人洁净的规矩，有六口石
缸摆在那里，每口可以盛两三桶水。[7]耶稣对用人说：
"把缸倒满了水。"他们就倒满了，直到缸口。[8]耶稣
又说："现在可以舀出来，送给管筵席的。"他们就送
了去。[9]管筵席的尝了那水变的酒，并不知道是哪里
来的，只有舀水的用人知道。管筵席的便叫新郎来，
[10]对他说："人都是先摆上好酒，等客喝足了
才摆上次的，你倒把好酒留到如今！"[11]这是
耶稣所行的头一件神迹，是在加利利的迦拿
行的，显出他的荣耀来，他的门徒就信他了。
....

本书的目的

20 [30]耶稣在门徒面前另外行了许多神迹，没有
记在这书上。[31]但记这些事要叫你们信耶稣
是基督，是神的儿子，并且叫你们信了他，就可以因他的
名得生命。

5 尽管耶稣当时并没有那么愿意进入公众的视野，但他还是行了一个神迹来帮助这对新人，你觉得他为什么这么做？

6 这六口石缸中的每一口缸都能装下80-120升水，相当于700-1000瓶酒。管筵席的人对这些酒有怎样的评价？这些酒会让整个婚礼的气氛产生怎样的变化？

7 管筵席的人对新郎有怎样的评价？新郎配得这样的称赞吗？新郎和新娘会对耶稣所行的这个神迹有怎样的感受？

8 石缸中的水本来是为洁净的礼仪所预备的。犹太人在每一次吃饭之前都会行洁净的礼仪，象征着他们在领受神所赐的之前，先将自己的罪洁除。因此，石缸中的水仿佛是在反复提醒人们自己身上的过犯需要被不断洁净。在这样的传统中，你觉得耶稣将水变成酒有什么重要的象征意义？

耶稣默默地在一场婚礼中挽回了这对新人的面子，使他们免遭非议。但是耶稣的门徒（即他的跟随者们）却看到了这件事情背后更为深远的意义。他们都非常熟悉用希伯来文写成的旧约圣经，比如下面这段先知以赛亚在公元前700年所写成的：

在这山上，万军之耶和华必为万民用肥甘设摆筵席，用陈酒和满髓的肥甘，并澄清的陈酒设摆筵席。他又必在这山上，除灭遮盖万民之物和遮蔽万国蒙脸的帕子。他已经吞灭死亡，直到永远，主耶和华必擦去各人脸上的眼泪，又除掉普天下他百姓的羞辱，因为这是耶和华说的。（以赛亚书25：6-8）

9 先知以赛亚预言，当万军之耶和华来到这个世上的时候，祂会做什么？祂是为谁而做？

10 设想你自己就是耶稣其中的一位门徒，成长在一个犹太人的家庭中，并且熟读以上的这些文字。当你尝过耶稣所变的好酒之后，你又会怎么来看他呢？

以赛亚盼望有一天神自己要亲临这个世界，来施行医治拯救。他用丰盛的筵席来预示神的医治和拯救。其实在旧约圣经中一直不断提到有这样一位弥赛亚，祂是从神而来，要施行医治和拯救。耶稣会不会就是他们所盼望的这一位要来成就他们的盼望和梦想的弥赛亚呢？

思考

有些人宁愿相信这个世界上没有神，无神论者方舟子曾说：“人类的存在纯属偶然，他只是存在着，本身并不具有目的。我们没法靠信神而获得安慰。但是，难道仅仅为了能有个安慰，就必须相信虚妄的存在？”他觉得宗教只是让人获取心理安慰的一种方式。但是约翰却在这里说：耶稣来，是要赐给人生命。因此，耶稣这第一次的公开亮相，是如何表明祂要将生命赐给凡信靠他的人？又是如何表明他的身份呢？

易燃

Bb
第二课

你常来这儿吗？

在电影《烈火战车》(Chariots of Fire)中有这样一幕：当有人问其中一名奥林匹克选手为何要赛跑时，他叹息说："我已经24岁了，但从来不知道'满足'是什么滋味。我一直都在追寻，但不知道我在找什么…… 我抬起眼睛望着前面一米二宽的跑道，我将用孤独的十秒种来证明我存在的理由…… 但是我能证明吗?"

你觉得有没有可能找到永不会失落的满足？如果可能的话，要怎样才能找到？

Bb 第二课

历史背景

在这个故事中，耶稣做了一件在那个时代相当惊世骇俗的事情。他主动跟一个撒马利亚妇人交谈。也许今天这么做不算什么，但是在那个时代，一个虔诚的宗教领袖是绝对不会在公共场合跟一个女人说话的。在犹太古典文献中曾这样写道：男人的邪恶胜过女人的善良；女人带着羞耻。与此同时，耶稣也冲破了一直以来横亘在犹太人和撒马利亚人之间的种族和宗教上的屏障。犹太人认为，撒马利亚人在正统的犹太教教导中掺杂进很多异教的仪式，因此觉得他们所信的乃是异端。

让我们跟随耶稣一起来到这个炎热的正午（在犹太人的传统中这是从日出开始算起的第六个小时），此时，耶稣困乏口渴。

约翰福音4：4-15

1 在当时，妇女们通常会成群结队在清晨的时候去井旁打水。为什么这个妇人却在炎热的正午孤身一人来打水呢？

2 当耶稣问她要水喝的时候，为什么她表现出如此的惊讶？

3 耶稣是如何来形容他所要赐下的“活水”？耶稣在13节中所提到的“渴”是什么意思？

4 这个妇人是如何回应耶稣的？她在15节中的回答是真诚发自内心的还是带有一些讥诮的意味？

约翰福音4：16-26

5 话锋一转，耶稣突然问起了这个妇人的丈夫。在17节中，这位妇人为何没有说出全部的事实？

6 这位妇人为何在炎热的正午独自一人去井旁打水？跟她过往的经历有什么样的联系？

7 耶稣为何要当面说出这位妇人过去的这些经历？这是否会帮助她找到那能真正满足她心灵的活水？为什么？

这位妇人惊讶于耶稣竟然知道她过去的经历，因此认定耶稣最起码也是一位先知。因此，她在20节中所说的这段话并非是转移话题，而是想要知道去哪里礼拜才能获得饶恕、与神和好。

耶稣在21-24节中回答，他的到来是为要带来彻底的改变。人们再也不需要去到某一个地方敬拜神，因为耶稣的到来意味着人可以跟神建立一个亲密的关系，可以称呼神为“父亲”，并用心灵和诚实来敬拜他。人们再也不需要上下求索真理而不得，因为耶稣的到来乃是向我们揭开属神的真理。在约翰福音中，耶稣称自己就是“真理”。

耶稣和撒马利亚妇人

4 4必须经过撒马利亚，5于是到了撒马利亚的一座
城，名叫叙加，靠近雅各给他儿子约瑟的那块地。
6在那里有雅各井。耶稣因走路困乏，就坐在井旁。那时约
有午正。7有一个撒马利亚的妇人来打水，耶稣对她说：“
请你给我水喝。”8那时门徒进城买食物去了。9撒马利亚的
妇人对他说：“你既是犹太人，怎么向我一个撒马利亚妇人
要水喝呢？”（原来犹太人和撒马利亚人没有来往。）10耶
稣回答说：“你若知道神的恩赐和对你说‘给我水喝’的是
谁，你必早求他，他也必早给了你活水。”11妇人说：“先
生，没有打水的器具，井又深，你从哪里得活水呢？12我
们的祖宗雅各将这井留给我们，他自己和儿子并牲畜也都
喝这井里的水，难道你比他还大吗？”13耶稣回答说：“凡
喝这水的，还要再渴，14人若喝我所赐的水，就永远不渴。
我所赐的水要在他里头成为泉源，直涌到永生。”15妇人
说：“先生，请把这水赐给我，叫我不渴，也不用来这么远
打水。”16耶稣说：“你去叫你丈夫也到这里来。”17妇人说：“
我没有丈夫。”耶稣说：“你说没有丈夫是不错的。18你已
经有五个丈夫，你现在有的并不是你的丈夫。你这话是
真的。”19妇人说：“先生，我看出你是先知。20我们的祖宗
在这山上礼拜，你们倒说，应当礼拜的地方是在耶路撒
冷。”21耶稣说：“妇人，你当信我。时候将到，你们拜父
也不在这山上，也不在耶路撒冷。22你们所拜的你们不知
道，我们所拜的我们知道，因为救恩是从犹太人出来的。
23时候将到，如今就是了，那真正拜父的，要用心灵和诚
实拜他，因为父要这样的人拜他。24神是个灵，所以拜他
的必须用心灵和诚实拜他。”25妇人说：“我知道弥赛亚，
就是那称为基督的要来，他来了，必将一切的事都告诉
我们。”26耶稣说：“这和你说话的就是他。”27当下门徒回
来，就稀奇耶稣和一个妇人说话，只是没有人说“你是要
什么？”，或说“你为什么和她说话？”。28那妇人就留下水
罐子，往城里去，对众人说：29“你们来看！有一个人将我
素来所行的一切事都给我说出来了，莫非这就是基督吗？”
……

39那城里有好些撒马利亚人信了耶稣，因为那妇人作见证
说：“他将我素来所行的一切事都给我说出来了。” 40于是
撒马利亚人来见耶稣，求他在他们那里住下，他便在那
里住了两天。 41因耶稣的话,信的人就更多了， 42便对妇人
说:“现在我们信，不是因为你的话，是我们亲自听见了，
知道这真是救世主。”

约翰福音4：27-29，39-42

8 在27节中，当耶稣的门徒回到井旁，看到这样的情形，他们的反应是什么？为什么他们会有这样的反应？

9 你在了解了这位妇人的经历之后，再来读28-29节，有哪些让你觉得惊奇的地方？你觉得这位妇人现在的感受是什么？为什么她会有这样的感受？

10 在39-42节中写道城里有好些撒马利亚人信了耶稣，是什么原因让这些人决定也要来信耶稣？

11 让我们再一次思想耶稣与这位撒马利亚妇人在井旁的对话，耶稣所要赐下的活水究竟是什么？如果他就是“救世主”，他要带给人们怎样的拯救？

思考

耶稣指出了我们的空虚和饥渴乃是因为我们与神隔绝。他应许要带领我们进入一个与神和好的亲密关系中，我们要称呼神为我们的“父亲”，他要带给我们完全的满足。

每个人都曾体验过心灵的空虚。歌手郑秀文曾这样说道：“我虽略有成就，但我从来没有活出真正的自己。我习惯活在一堆价值观中。我以为成就越大，自我存在的价值就越高。当我拥有很多人人渴求的东西，却发现内心一无所有。心，是空空的。我尝试用更大的成就来补充，但招来的空荡感更大，更恐怖。”

你会如何来回应郑秀文所说的这段话？我们从哪里寻找满足感？你觉得可能在这世上找到永恒的满足吗？

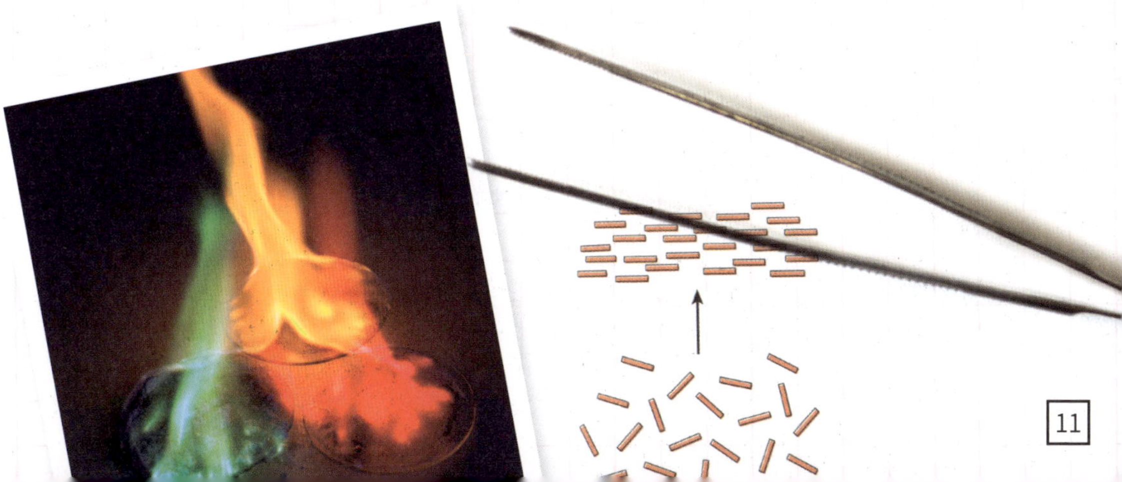

危险

Cc
第三课

“盲目”的信心

英国当代最著名的无神论者、牛津大学教授理查德 · 道金斯（Richard Dawkins）曾说：“信仰是种绝妙的逃避，也是个绝妙的借口，有信仰护航就不需要对证据进行思考并做出评估。尽管信仰缺乏证据，但也许正是因为缺乏证据，人们才依赖信仰。”

你觉得基督信仰是否也缺乏证据？基督徒都是盲目的吗？

Cc
第三课

历史背景

一直以来，对耶稣是谁的定论就有两种截然不同的观点。他究竟是从神而来的？还是某个要故意制造混乱的人？在耶稣的时代，严格遵守犹太律法的法利赛人就十分憎恨他，当时的犹太人为要专心敬拜神，一般都不在安息日做工，但是耶稣竟然都不遵守安息日的条例，在安息日治病！在这些法利赛人的眼中，这就已经破坏了安息日不可做工的条例了。约翰福音前面的章节已经记载了这些法利赛人因为憎恨耶稣企图要杀害他的阴谋。

当时非常流行的观点认为，若有人生来瞎眼，不是这人犯了罪，就是他父母犯了罪。约翰在这里记载了耶稣公开反驳了这个当时非常流行的观点，并在安息日医治了一位生来瞎眼的人，可是耶稣也因此招来更大的非议。

约翰福音9：1-8

1 请描述一下一个生来瞎眼的人，他的生活会是怎样的？可以从日常生活、社交活动、情感心理等方面来思考，并结合第1节和第8节中的描述。

2 当这个人走向西罗亚池子的时候，他会有怎样的感受？当他再一次回到从前讨饭的地方时，他又会有怎样的想法？

3 耶稣宣告自己就是世界的光，这个神迹跟耶稣的这个宣告之间有怎样的联系？耶稣要赐给我们的是怎样的一种生命？

在整本约翰福音中，约翰都用光明来象征生命，用黑暗来象征罪恶和死亡。约翰所记载的这个神迹将耶稣来到这个世界的使命形象地表达了出来。耶稣是世界的光，他来就是要将人从罪恶和死亡的黑暗中拯救出来，并要赐给他们永恒的生命。

约翰福音9：8-23

4 为何那人的邻舍会有如此的反应？为什么他们要把这人带到法利赛人那里(8-13节)？

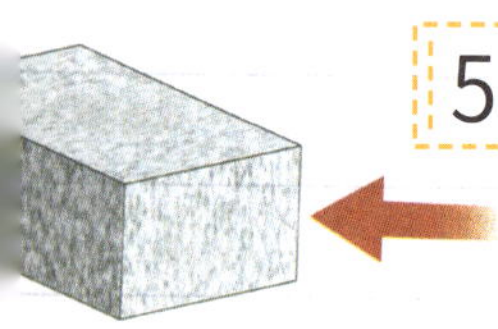

5 于是，法利赛人登场了，尽管这些法利赛人看到了这样一个活生生被医治的例子，可是为什么他们还要对所发生的一切起了纷争呢？阅读13-17节，他们起纷争的原因是什么？

6 为什么法利赛人要叫来这个人的父母？他的父母如何回答他们的问题？他们为什么会这样回答(18-23节)？

治好生来瞎眼的

9 [1]耶稣过去的时候，看见一个人生来是瞎
眼的。[2]门徒问耶稣说：“拉比，这人生
来是瞎眼的，是谁犯了罪？是这人呢，是他父母
呢？”[3]耶稣回答说：“也不是这人犯了罪，也不是
他父母犯了罪，是要在他身上显出神的作为来。
[4]趁着白日，我们必须做那差我来者的工；黑夜将到，就
没有人能做工了。[5]我在世上的时候，是世上的光。”
[6]耶稣说了这话，就吐唾沫在地上，用唾沫和泥抹在
瞎子的眼睛上，[7]对他说：“你往西罗亚池子里去洗。”
（“西罗亚”翻出来就是“奉差遣”。）他去一洗，回头就
看见了。[8]他的邻舍和那素常见他是讨饭的，就说：
“这不是那从前坐着讨饭的人吗？”[9]有人说：“是他。”
又有人说：“不是，却是像他。”他自己说：“是我。”
[10]他们对他说：“你的眼睛是怎样开的呢？”[11]他回答说：“
有一个人名叫耶稣，他和泥抹我的眼睛，对我说：‘你往
西罗亚池子去洗。’我去一洗，就看见了。”[12]他们说：“那
个人在哪里？”他说：“我不知道。”

法利赛人盘问医治的事

[13]他们把从前瞎眼的人带到法利赛人那里。[14]耶稣和泥开
他眼睛的日子是安息日。[15]法利赛人也问他是怎么得看
见的。瞎子对他们说：“他把泥抹在我的眼睛上，我去一
洗，就看见了。”[16]法利赛人中有的说：“这个人不是从神
来的，因为他不守安息日。”又有人说：“一个罪人怎能行
这样的神迹呢？”他们就起了纷争。[17]他们又对瞎子说：“
他既然开了你的眼睛，你说他是怎样的人呢？”他说：“是
个先知。”[18]犹太人不信他从前是瞎眼、后来能看见的，等
到叫了他的父母来，[19]问他们说：“这是你们的儿子吗？你
们说他生来是瞎眼的，如今怎么能看见了呢？”[20]他父母回
答说：“他是我们的儿子，生来就瞎眼，这是我们知道的。
[21]至于他如今怎么能看见，我们却不知道。是谁开了他的
眼睛，我们也不知道。他已经成了人，你们问他吧，他自
己必能说。”[22]他父母说这话是怕犹太人，因为犹太人已经
商议定了，若有认耶稣是基督的，要把他赶出会堂。[23]因

此他父母说“他已经成了人，你们问他吧”。 [24]所以法利赛
人第二次叫了那从前瞎眼的人来，对他说：“你该将荣耀
归给神，我们知道这人是个罪人。” [25]他说：“他是个罪人
不是，我不知道。有一件事我知道：从前我是眼瞎的，如
今能看了！” [26]他们就问他说：“他向你做什么？是怎么开
了你的眼睛呢？” [27]他回答说：“我方才告诉你们，你们不
听，为什么又要听呢？莫非你们也要做他的门徒吗？” [28]他
们就骂他，说：“你是他的门徒！我们是摩西的门徒。 [29]神
对摩西说话是我们知道的，只是这个人，我们不知道他从
哪里来！” [30]那人回答说：“他开了我的眼睛，你们竟不知
道他从哪里来，这真是奇怪！ [31]我们知道神不听罪人，唯
有敬奉神、遵行他旨意的，神才听他。 [32]从创世以来，未
曾听见有人把生来是瞎子的眼睛开了。 [33]这人若不是从神
来的，什么也不能做。” [34]他们回答说：“你全然生在罪孽
中，还要教训我们吗？”于是把他赶出去了。

灵性的盲目

[35]耶稣听说他们把他赶出去，后来遇见他，就说：“你信神
的儿子吗？” [36]他回答说：“主啊，谁是神的儿子，叫我信
他呢？” [37]耶稣说：“你已经看见他，现在和你说话的就是
他。” [38]他说：“主啊，我信！”就拜耶稣。 [39]耶稣说：“我为审
判到这世上来，叫不能看见的可以看见，能看见的反瞎了
眼。” [40]同他在那里的法利赛人听见这话，就说：“难道我
们也瞎了眼吗？” [41]耶稣对他们说：“你们若瞎了眼，就没有
罪了；但如今你们说‘我们能看见’，所以你们的罪还在。”

笔记

笔记

约翰福音9：24-34

7 为什么法利赛人第二次叫了那从前瞎眼的人来？他们是为了探求“真理”吗？

8 这个人是如何回应法利赛人对他的控诉和羞辱的？在30-33节中，这个人如何来看待这整件事？

约翰福音9：35-41

9 为什么耶稣主动去找这个人？

10 这个人对耶稣的认识经历了翻天覆地的变化，请分别阅读11节、17节和38节，最后这个人认为耶稣究竟是谁？

这个生来瞎眼的人此时才真正用自己的眼睛看见了耶稣并拜他。这个人从瞎眼到看见的过程也象征着他的属灵历程，因着他愿意相信他所看到的证据，从而真正认识了耶稣。“人子”一词可以用来指代某一个人，但是在旧约圣经中，这个词通常用来指代具有神品性的人。

11 这个故事开始的时候，人们普遍认为一个瞎眼的人一定是犯了罪，但是当这个故事进入尾声的时候，耶稣却形容这些法利赛人才是真正瞎眼的。他们犯了什么罪？为什么他们不能接受瞎眼得看见这个事实所指向的真理？

思考

在这段记载中，耶稣宣告自己就是“世界的光”，若不在他里面的，就是行在黑暗中。在旧约圣经中，神是人敬拜的唯一对象，因此当耶稣受人敬拜的时候，也是宣告他自己乃是与神同等。

牛津大学教授、知名作家鲁益士(C.S. Lewis)[1] 曾这样描写耶稣：“你可以把他当笨蛋，叫他闭嘴；可以吐唾沫在他身上，把他当邪魔宰了；你也可以俯伏在他脚前，称他为主为上帝。但千万别自以为是地把他当成只是一位人间伟大的教师。他没有留下丝毫可以让我们这样说他的余地，他也没有做伟大道德教师的打算。”

有人认为所有的宗教都是劝人向善，因此也比较容易承认耶稣是一位伟大的道德教师，可是面对耶稣在这里的宣告，你会如何来回应呢？

[1] 鲁益士1898年出生于英国，就读于牛津大学，并先后在牛津大学和剑桥大学任教，他以儿童文学《纳尼亚传奇》而闻名于世，《返璞归真》是他的著作中影响最大的一部。

Dd
第四课

死人行走

死亡一直以来都是一个神秘而禁忌的话题，特别是在东方。即使近年来在北京、上海和香港等地的大学纷纷开设“死亡课程”，但是北京大学的王一方教授仍然如此形容死亡课程：“死亡教育是一颗发苦的可可豆，你叫人吃苦，他是不会吃的。我们只能加点糖、加点奶，搅拌搅拌，把它做成巧克力，人们才会愿意吃。只要让人们吃下这颗巧克力，他们就会自己去体会里面苦的味道。”

你觉得为什么大家都不太愿意直面死亡这个话题？

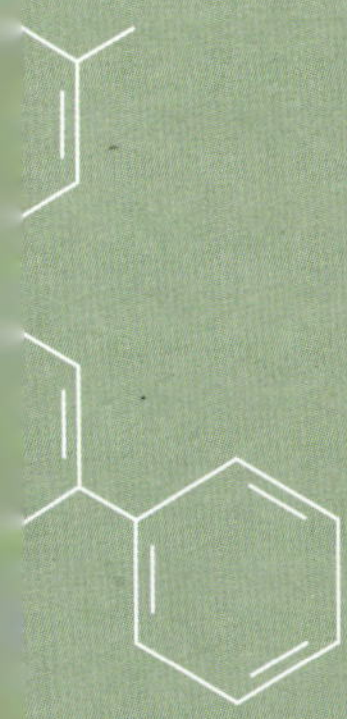

有毒

Dd
第四课

历史背景

耶稣曾宣告自己是弥赛亚、是神所差派的救世主以及其他一些非常大胆的宣告。在约翰福音第十章中，耶稣就宣告自己是神的儿子，这让犹太人的领袖们恼羞成怒，下定决心要致耶稣于死地，他们的理由是："我们不是为善事拿石头打你，是为你说僭妄的话；又为你是个人，反将自己当作神"(约翰福音10:33)。他们认为耶稣所宣告的乃是将他自己当做与神同等，并称神为父。

在以下这段记载中，和耶稣非常亲密的一位朋友去世了，在死亡的面前，耶稣能否带来盼望？他能否证明他自己就是神呢？耶稣称自己就是救世主，有什么样的证据促使我们要认真对待耶稣的这一宣告？

约翰福音 11: 1-16

1 耶稣和拉撒路以及他的家人是什么样的关系(参见2节和5节)？
他们为什么打发人去见耶稣？

2 当耶稣听到拉撒路病了的时候，他的反应有什么不同寻常的地方？
门徒们所担忧的又是什么(5-8节)？

3 耶稣在什么样的情况下才决定要去看拉撒路？
在11-16节中，门徒为何会误解了耶稣的话？

4 如今拉撒路已经死了，耶稣再走上四天的路去看他似乎显得多此一举。请阅读4节和15节，耶稣如何解释为何他没有及时去看拉撒路？

在旧约圣经中，"荣耀"通常指神以光的形式向人们显现。耶稣说，那在拉撒路家将要发生的一切为要让门徒见到耶稣与神有着同等的荣耀。他没有立即动身前往伯大尼也正是为此缘故。

约翰福音 11: 17-27

5 耶稣终于来到了拉撒路的家中，请描述一下当时的场景。马利亚和马大当时的感受如何？她们期待耶稣要来做什么？（参见17-24节以及30-33节）

6 在25-26节中，耶稣的宣告是什么？根据耶稣的这一宣告，一个人要如何才能确信死后还有生命？

拉撒路的死

11 1有一个患病的人名叫拉撒路，住在伯大尼，
就是马利亚和她姐姐马大的村庄。2这马利亚
就是那用香膏抹主，又用头发擦他脚的，患病的拉撒路是
她的兄弟。3她姐妹两个就打发人去见耶稣，说："主啊，你
所爱的人病了。" 4耶稣听见就说："这病不至于死，乃是
为神的荣耀，叫神的儿子因此得荣耀。" 5耶稣素来爱马大
和她妹子并拉撒路。 6听见拉撒路病了，就在所居之地仍
住了两天。7然后对门徒说："我们再往犹太去吧。"8门徒说：
"拉比，犹太人近来要拿石头打你，你还往那里去吗？"
9耶稣回答说："白日不是有十二小时吗？人在白日走路，
就不致跌倒，因为看见这世上的光。10若在黑夜走路，就必
跌倒，因为他没有光。" 11耶稣说了这话，随后对他们说：
"我们的朋友拉撒路睡了，我去叫醒他。" 12门徒说："主
啊，他若睡了，就必好了。" 13耶稣这话是指着他死说的，
他们却以为是说照常睡了。 14耶稣就明明地告诉他们说：
"拉撒路死了。 15我没有在那里就欢喜，这是为你们的缘
故，好叫你们相信。如今我们可以往他那里去吧！" 16多
马，又称为低土马，就对那同做门徒的说："我们也去和
他同死吧！"

复活在我，生命在我

17耶稣到了，就知道拉撒路在坟墓里已经四天了。 18伯大
尼离耶路撒冷不远，约有六里路。 19有好些犹太人来看马
大和马利亚，要为她们的兄弟安慰她们。 20马大听见耶稣
来了，就出去迎接他；马利亚却仍然坐在家里。 21马大对
耶稣说："主啊，你若早在这里，我兄弟必不死。 22就是现
在，我也知道，你无论向神求什么，神也必赐给你。" 23耶
稣说："你兄弟必然复活。" 24马大说："我知道在末日复
活的时候，他必复活。" 25耶稣对她说："复活在我，生命
也在我。信我的人，虽然死了，也必复活； 26凡活着信我
的人必永远不死。你信这话吗？" 27马大说："主啊，是的，
我信你是基督，是神的儿子，就是那要临到世界的。" 28马
大说了这话，就回去暗暗地叫她妹子马利亚，说："夫子
来了，叫你。" 29马利亚听见了，就急忙起来，到耶稣那里

去。 30那时耶稣还没有进村子，仍在马大迎接他的地方。
31那些同马利亚在家里安慰她的犹太人，见她急忙起来出
去，就跟着她，以为她要往坟墓那里去哭。 32马利亚到了
耶稣那里，看见他，就俯伏在他脚前，说：“主啊，你若
早在这里，我兄弟必不死。”

耶稣哭了

33耶稣看见她哭，并看见与她同来的犹太人也哭，就心里
悲叹，又甚忧愁， 34便说：“你们把他安放在哪里?”他们
回答说：“请主来看。”35耶稣哭了。36犹太人就说：“你看，
他爱这人是何等恳切!” 37其中有人说：“他既然开了瞎子
的眼睛，岂不能叫这人不死吗?”

拉撒路复活

38耶稣又心里悲叹，来到坟墓前。那坟墓是个
洞，有一块石头挡着。 39耶稣说：“你们把石
头挪开！”那死人的姐姐马大对他说：“主啊，
他现在必是臭了，因为他死了已经四天了。”
40耶稣说：“我不是对你说过，你若信，就必看见神的荣
耀吗?” 41他们就把石头挪开。耶稣举目望天，说：“父啊，
我感谢你，因为你已经听我。 42我也知道你常听我，但我
说这话是为周围站着的众人，叫他们信是你差了我来。”
43说了这话，就大声呼叫说：“拉撒路出来!” 44那死人就
出来了，手脚裹着布，脸上包着手巾。耶稣对他们说：“解
开，叫他走!”

杀害耶稣的阴谋

45那些来看马利亚的犹太人见了耶稣所做的事，就多有信
他的。46但其中也有去见法利赛人的，将耶稣所做的事告诉
他们。 47祭司长和法利赛人聚集公会，说：“这人行好些神
迹，我们怎么办呢? 48若这样由着他，人人都要信他，罗
马人也要来夺我们的地土和我们的百姓。”

约翰福音 11: 28-48

7 当马利亚听见耶稣来了，就急忙起来，到耶稣那里去。当耶稣看到她哭，他的回应是什么(32-36节)？

8 33节描述耶稣“心里悲叹，又甚忧愁”，原文的字面意思是“生气” 和“愤怒”。耶稣的悲痛之情还比较容易理解，可是为什么他要在这里那么生气和愤怒呢？

在旧约圣经中记载，原本死亡并非是人所必须经历的过程。当人们选择远离创造生命的主宰之时，他们的结局就是死亡。耶稣在此并非仅仅只是为了一位死去的朋友感到悲痛，他也对死亡所造成的痛苦深恶痛绝。

9 在36-37节中，周围这些人的期待是什么？39节中，马大觉得会发生什么？

10 当耶稣大声呼叫拉撒路从坟墓里出来的时候，发生了什么？这与耶稣在25-26节中的宣告有怎样的联系？

11 耶稣想要人们如何来回应他们所看见的(41-42节)？人们又是如何来回应的呢(45-48节)？

思考

苹果公司的创始人乔布斯在2004年被诊断出患有癌症，他在2005年的一次演讲中，曾提到死亡。他这样说道：“我是从死亡线上又活过来的人，因此死亡对我来说并非什么纯粹知识上的一种概念，我可以很肯定的告诉大家，没有人愿意死，即使那些想要死后上天堂的人，也不会为了上天堂而去死。可是，死亡却是我们每个人共同的终点，没有人可以逃脱死亡。”

如果耶稣的宣告是真实的，那么在死亡的面前，在人类共同的终点面前，信靠耶稣可以带给我们怎样的盼望？

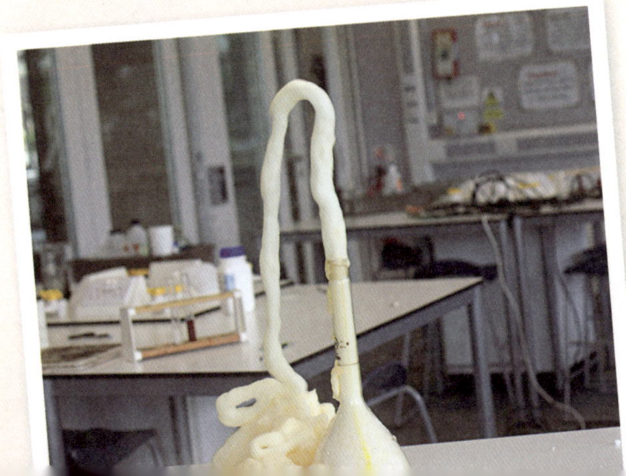

Ee

第五课

举世无双的交易

人之性也，善恶混，修其善，则为善人；修其恶，则为恶人。

扬雄《法言 · 修身》

中国西汉哲学家、文学家

善恶的分界线不沿国界延伸，也不在于不同政党之间，而是穿过每个人的心。

亚历山大 · 索尔仁尼琴

俄罗斯作家、诺贝尔文学奖得主

你是否赞同以上对人性的观察和总结？为什么？

腐蚀性

Ee 第五课

历史背景

当时的那些宗教领袖们已经打定主意要将耶稣以僭妄的罪名治死，因为他竟然宣称自己是从神而来的救世主。而当耶稣其中的一个门徒犹大同意出卖耶稣的时候，这些宗教领袖们终于等来了一个绝好的机会。在以下这段记载发生前的几个小时，耶稣被捕，犹太的那些宗教领袖们也已经落实了为要定他的罪而捏造的罪名，但是在当时的政治情势下，只有罗马殖民政府才有宣判死刑的权利，因此这些宗教领袖们必须说服罗马官长彼拉多，让他相信耶稣真犯了死罪。

当然，这些宗教领袖们也知道彼拉多并不想被牵扯进他们的这些宗教争端中，因此为了进一步坐实耶稣的罪名，他们试图让彼拉多相信这位出生于加利利小渔村的木匠之子犯的是叛国大罪。

约翰福音 19: 1-16

1 请描述一下当时的那些兵丁对耶稣的态度。为什么他们要如此戏弄他？

2 在4节、6节和12节中，彼拉多审问耶稣之后，他强调的重点是什么？

3 在7-8节中，听了犹太人所要定耶稣的罪名，彼拉多为何越发害怕？

4 在9-11节中，耶稣站在一个掌握他生杀大权的人面前受审，可是耶稣和彼拉多之间的对话有何让你惊讶的地方？

5 阅读12-16节。彼拉多想要释放耶稣，但是那些宗教领袖们如何最终说服彼拉多判耶稣死刑？

约翰福音 19: 17-27

6 耶稣历经审讯、戏弄以及鞭打，现在他又被迫背着自己的十字架走过耶路撒冷熙攘的街头。耶稣此刻的身体状况是如何的？

约翰就用了一句话告诉我们耶稣被钉十字架。其实钉十字架的刑罚非常残酷，在当时是用于处决反对罗马统治的反动分子，而钉十字架的罪名也会被挂在罪犯的头顶昭告天下。更令人羞耻的是，在当时的犹太律法中，若有人被钉十字架，则被认为是被神咒诅。

7 站在耶稣十字架旁边的，有耶稣的母亲和一些门徒（25-27节）。他们当时会是怎样的感受？当他们想起耶稣曾说“我是从神而来的救世主”以及“我要舍命”的时候，他们会做何感想？

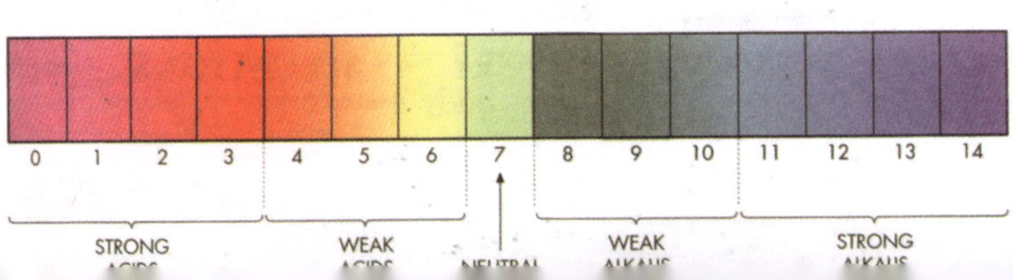

19

1当下彼拉多将耶稣鞭打了。2兵丁用荆棘编
做冠冕，戴在他头上，给他穿上紫袍，3又挨
近他，说："恭喜，犹太人的王啊！"他们就用手掌打他。
4彼拉多又出来对众人说："我带他出来见你们，叫你们
知道我查不出他有什么罪来。" 5耶稣出来，戴着荆棘冠
冕，穿着紫袍。彼拉多对他们说："你们看，这个人！"
6祭司长和差役看见他，就喊着说："钉他十字架！钉他
十字架！"彼拉多说："你们自己把他钉十字架吧，我查不
出他有什么罪来。" 7犹太人回答说："我们有律法，按
那律法，他是该死的！因他以自己为神的儿子。" 8彼拉多
听见这话，越发害怕，9又进衙门，对耶稣说："你是哪里
来的？"耶稣却不回答。10彼拉多说："你不对我说话吗？
你岂不知我有权柄释放你，也有权柄把你钉十字架吗？"
11耶稣回答说："若不是从上头赐给你的，你就毫无权柄
办我。所以，把我交给你的那人罪更重了。" 12从此彼拉多
想要释放耶稣，无奈犹太人喊着说："你若释放这个人，就
不是恺撒的忠臣。凡以自己为王的，就是背叛恺撒了。"
13彼拉多听见这话，就带耶稣出来，到了一个地方，名叫
铺华石处，希伯来话叫厄巴大，就在那里坐堂。14那日
是预备逾越节的日子，约有午正。彼拉多对犹太人说：
"看哪，这是你们的王！"15他们喊着说："除掉他！除掉他！
钉他在十字架上！"彼拉多说："我可以把你们的王钉十字
架吗？"祭司长回答说："除了恺撒，我们没有王！" 16于是，
彼拉多将耶稣交给他们去钉十字架。

耶稣被钉十字架

17他们就把耶稣带了去。耶稣背着自己的十字架出来，到了
一个地方，名叫髑髅地，希伯来话叫各各他。18他们就在那里
钉他在十字架上，还有两个人和他一同钉着，一边一个，
耶稣在中间。19彼拉多又用牌子写了一个名号，安在十字架
上，写的是："犹太人的王，拿撒勒人耶稣。" 20有许多犹太
人念这名号，因为耶稣被钉十字架的地方与城相近，并且是
用希伯来、罗马、希腊三样文字写的。21犹太人的祭司长就
对彼拉多说："不要写'犹太人的王'，要写'他自己说我是犹
太人的王'。" 22彼拉多说："我所写的，我已经写上了。" 23

兵丁既然将耶稣钉在十字架上，就拿他的衣服分为四份，每
兵一份。又拿他的里衣，这件里衣原来没有缝儿，是上下
一片织成的。[24]他们就彼此说："我们不要撕开，只要拈阄，
看谁得着。"这要应验经上的话说："他们分了我的外衣，为
我的里衣拈阄。"兵丁果然做了这事。[25]站在耶稣十字架旁边
的，有他母亲与他母亲的姐妹，并革罗罢的妻子马利亚和抹
大拉的马利亚。[26]耶稣见母亲和他所爱的那门徒站在旁边，
就对他母亲说："母亲，看，你的儿子！"[27]又对那门徒说："
看，你的母亲！"从此，那门徒就接她到自己家里去了。

耶稣的死

[28]这事以后，耶稣知道各样的事已经成了，为要使经上的话
应验，就说："我渴了。"[29]有一个器皿盛满了醋，放在那里。
他们就拿海绒蘸满了醋，绑在牛膝草上，送到他口。[30]耶稣
尝了那醋，就说："成了！"便低下头，将灵魂交付神了。

肋旁被扎

[31]犹太人因这日是预备日，又因那安息日是个大日，就求彼
拉多叫人打断他们的腿，把他们拿去，免得尸首当安息日留
在十字架上。[32]于是兵丁来，把头一个人的腿，并与耶稣同
钉第二个人的腿，都打断了。[33]只是来到耶稣那里，见他已经
死了，就不打断他的腿。[34]唯有一个兵拿枪扎他的肋旁，随
即有血和水流出来。[35]看见这事的那人就作见证，他的见证
也是真的，并且他知道自己所说的是真的，叫你们也可以信。
[36]这些事成了，为要应验经上的话说："他的骨头一根也不可
折断。"[37]经上又有一句说："他们要仰望自己所扎的人。"

耶稣的安葬

[38]这些事以后，有亚利马太人约瑟，是耶稣的门徒，只因怕
犹太人，就暗暗地做门徒，他来求彼拉多，要把耶稣的身体
领去。彼拉多允准，他就把耶稣的身体领去了。[39]又有尼哥底
母，就是先前夜里去见耶稣的，带着没药和沉香约有一百斤
前来。[40]他们就照犹太人殡葬的规矩，把耶稣的身体用细麻布
加上香料裹好了。[41]在耶稣钉十字架的地方有一个园子，园子
里有一座新坟墓，是从来没有葬过人的。[42]只因是犹太人的预
备日，又因那坟墓近，他们就把耶稣安放在那里。

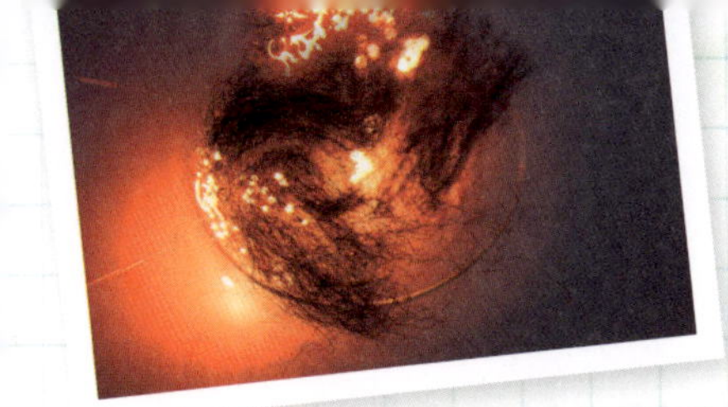

约翰福音 19: 28-42

8 **耶稣看上去似乎已经被完全压垮，但是从哪些细节还是可以看出耶稣在这样极端的环境中仍然掌管一切(28和30节)?**

约翰在记载耶稣被钉十字架的过程中，不断的指出这一切都应验了旧约中对弥赛亚的预言。以赛亚在公元前700年就已经写下了那将要发生的一切以及这一切对这个世界将要造成的影响。

他被藐视，被人厌弃，多受痛苦，常经忧患。他被藐视，好像被人掩面不看的一样，我们也不尊重他。他诚然担当我们的忧患，背负我们的痛苦，我们却以为他受责罚，被神击打苦待了。哪知他为我们的过犯受害，为我们的罪孽压伤。因他受的刑罚我们得平安，因他受的鞭伤我们得医治。我们都如羊走迷，各人偏行己路，耶和华使我们众人的罪孽都归在他身上(以赛亚书53:3-6)。

9 **这段话如何反映到耶稣如今正经历的一切？在以赛亚的记载中，这位弥赛亚的到来是为要解决什么问题？他最终将要如何解决？**

在耶稣断气之前，他说:"我渴了"。在约翰的记载中，"渴"一直用来比喻我们因罪而与神隔绝。此处，耶稣正经历神的审判，但却并非因为他自己的罪，正如彼拉多反复强调的那样，耶稣并没有罪。我们原本应该承受与神隔绝和死亡的刑罚，但耶稣却以无罪的代替了我们这些有罪的，替我们死，使我们重新与神和好。

10 **拼尽最后一口气，耶稣说:"成了!"，便低下头，将灵魂交付神。你觉得耶稣在十字架上成就了什么?**

11 **尼哥底母是一位有名的律法师，他带着大量的香料前来膏抹耶稣，通常来说这是只有君王才有资格享受的待遇。为什么尼哥底母竟然会用如此高规格的仪式来安葬耶稣?**

思考

作家蒂姆 · 凯勒(Tim Keller)[1] 认为十字架乃是基督信仰中最核心的部分，就是耶稣基督以无罪的代替了我们这些有罪的，承受神的审判和刑罚，借着十字架的刑罚，耶稣成为救世主。

凯勒这样写道:"世界上其他各大宗教的教主都以教师的身份出现，他们都宣称:'如此行，你们就得见神。'惟有耶稣以救赎者的身份来到我们中间(当然他也是一位完美的教师)，他宣告:'我是从神而来，要来成就那些靠你们自己无法行的事。'基督信仰的核心就是，我们得救并非靠着自己的善行，而是靠着神为我们所成就的。"你刚才阅读了关于耶稣受死的记载，你觉得凯勒说的话对吗？十字架的真意乃是救赎，是神代替我们付上了代价，你同意吗?

[1] 蒂姆 · 凯勒是纽约救赎主长老教会的牧师，著有《诸神的面具》和《一掷千金的上帝》等畅销著作。

易爆

Ff

第六课

眼见为实

确认偏误（Confirmation bias）就是人们倾向于寻找支持自己理论或假设的证据，选择性的收集有利信息，忽略不利或矛盾的资讯，按照支持自己想法的角度解读获取的信息，最终来支持自己的已有想法。你觉得为什么人们有时不想质疑并改变自己已有的一些观念呢？

你需要什么样的证据才能让你改变对某件事物的看法？

Ff
第六课

历史背景

耶稣因僭妄神的罪名遭受了十字架的酷刑，他不仅宣称自己是神的儿子，而且还以这样屈辱的方式死去，是为了众人的罪而承受神的刑罚。现在，他被安葬在一个借来的坟墓中。那么，“为我们舍命”仅仅只是嘴上说说的吗？难道耶稣的死就是这场“耶稣运动”的终结吗？他的门徒确实就是这么想的，他们既悲痛又害怕，纷纷躲了起来，因为耶稣的死，让他们对未来毫无把握。

亚利马太人约瑟和尼哥德慕前来将耶稣的身体领去，安葬在约瑟家族的坟墓中。按照当时殡葬的规矩，在安葬之前，要将香料涂抹在身体上然后用细麻布裹好，然后才放进墓中，直到肉身全部腐烂。大约一年以后，人们就会将残余的身体取出，再次安葬在一个罐子里。如果是这样，那么耶稣的故事就真的终结了。一个死去的弥赛亚根本就不是弥赛亚。

但是，故事却还在继续……

约翰福音 20: 1-18

1 想象一下在耶稣死去的这段时间中，他的门徒是怎样的感受。他们会如何回想他们跟随耶稣的三年？他们又会如何来思考他们的未来呢？

2 当马利亚来到坟墓那里，看见那为防止别人偷盗尸体的石头从坟墓挪开了，她是怎样的反应？

3 彼得和那门徒一起来到坟墓，他们发现正如马利亚描述的那样，耶稣的身体不见了。对此有哪些可能的原因？

4 那门徒究竟在坟墓里看见了什么让他相信这不是普通的偷盗尸体，而是有更深层面的含义？

5 马利亚一直站在坟墓外面，她为何伤心？阅读11-15节：她认为耶稣的身体不见的原因是什么？最终是什么让她相信耶稣其实就活生生的在她眼前？

6 哲学家塞尔苏斯(Celsus)曾讥诮基督徒，认为耶稣复活最重要的见证人竟然是一个“哭哭啼啼的女人”。在那个时代，法律不承认女人所提供的证词。那为什么耶稣要选择最先向一个女人马利亚显现呢？这让你对约翰记载的真实性有何感想？

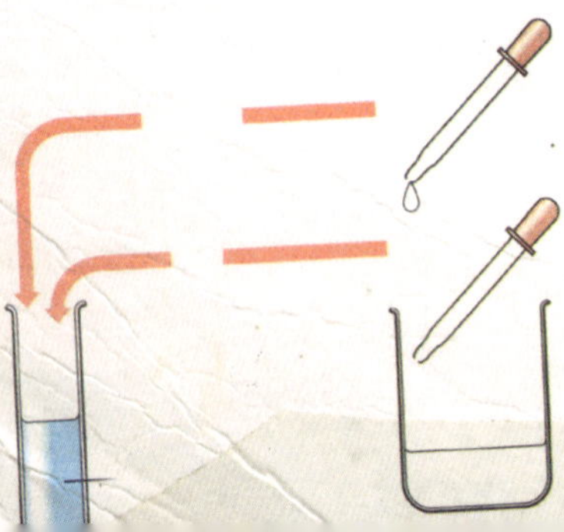

耶稣复活

20 1七日的第一日清早，天还黑的时候，抹大
拉的马利亚来到坟墓那里，看见石头从坟
墓挪开了， 2就跑来见西门彼得和耶稣所爱的那个门徒，
对他们说：“有人把主从坟墓里挪了去，我们不知道放在
哪里！” 3彼得和那门徒就出来,往坟墓那里去。4两个人同
跑，那门徒比彼得跑的更快，先到了坟墓，5低头往里看，
就见细麻布还放在那里，只是没有进去。 6西门彼得随后
也到了，进坟墓里去，就看见细麻布还放在那里，7又看见
耶稣的裹头巾没有和细麻布放在一处，是另在一处卷着。
8先到坟墓的那门徒也进去，看见就信了。 9因为他们还不
明白圣经的意思，就是耶稣必要从死里复活。 10于是两个
门徒回自己的住处去了。

向抹大拉的马利亚显现

11马利亚却站在坟墓外面哭。哭的时候，低头往坟墓里
看，12就见两个天使，穿着白衣，在安放耶稣身体的地方
坐着,一个在头，一个在脚。13天使对她说：“妇人，你为
什么哭?”她说：“因为有人把我主挪了去，我不知道放在
哪里。” 14说了这话，就转过身来，看见耶稣站在那里，
却不知道是耶稣。 15耶稣问她说：“妇人，为什么哭？你
找谁呢?”马利亚以为是看园的，就对他说：“先生，若
是你把他移了去，请告诉我你把他放在哪里，我便去取
他。”16耶稣说：“马利亚！”马利亚就转过来，用希伯来话
对他说：“拉波尼！”（“拉波尼”就是“夫子”的意思。）17耶
稣说：“不要摸我，因我还没有升上去见我的父。你往我弟
兄那里去，告诉他们说我要升上去见我的父，也是你们的
父，见我的神，也是你们的神。” 18抹大拉的马利亚就去
告诉门徒说：“我已经看见了主！”她又将主对她说的这话
告诉他们。

向门徒显现

19那日，就是七日的第一日晚上，门徒所在的地方，因怕
犹太人，门都关了。耶稣来站在当中，对他们说：“愿你
们平安！” 20说了这话，就把手和肋旁指给他们看。门徒

看见主，就喜乐了。[21]耶稣又对他们说：“愿你们平安！
父怎样差遣了我，我也照样差遣你们。”[22]说了这话，就
向他们吹一口气，说：“你们受圣灵！[23]你们赦免谁的罪，
谁的罪就赦免了；你们留下谁的罪，谁的罪就留下了。”

耶稣和多马

[24]那十二个门徒中有称为低土马的多马，耶稣来的时
候，他没有和他们同在。[25]那些门徒就对他说：“我
们已经看见主了！”多马却说：“我非看见他手上的
钉痕，用指头探入那钉痕，又用手探入他的肋旁，我
总不信。”[26]过了八日，门徒又在屋里，多马也和他
们同在。门都关了，耶稣来站在当中说：“愿你们平
安！”[27]就对多马说：“伸过你的指头来，摸我的手！
伸出你的手来，探入我的肋旁！不要疑惑，总要信！”
[28]多马说：“我的主！我的神！”[29]耶稣对他说：“你因看见
了我才信，那没有看见就信的有福了！”

X-MEN

TOMB
RAIDER II
POKéMON

SCARE

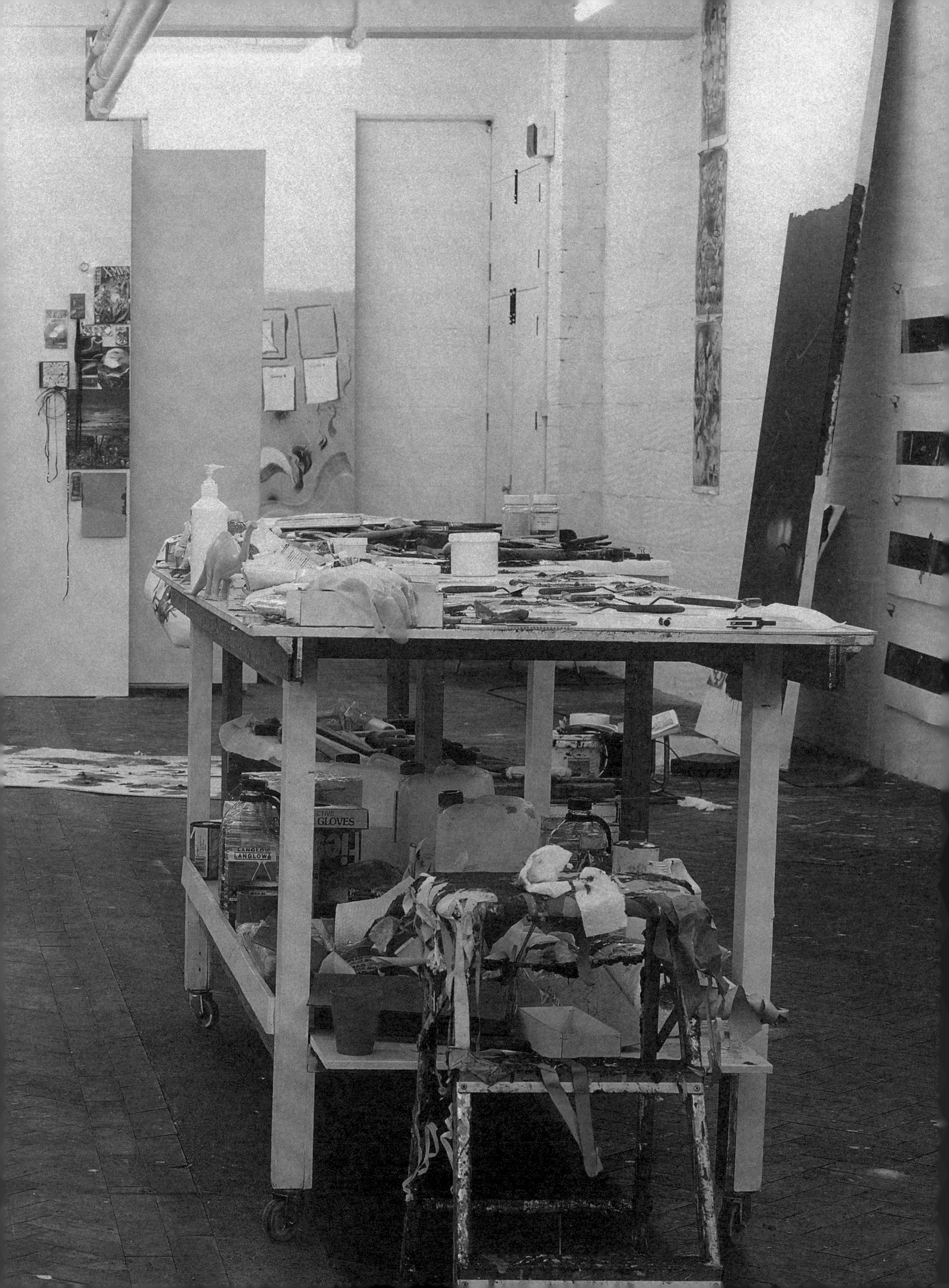
GLOVES
LANGLOW
LANGLOW

GOLDEN
UN 1300

FIONA RAE

Carré d'Art – Musée d'art contemporain de Nîmes

11 octobre 2002 au 5 janvier 2003

SOMMAIRE

CONTENT

L'alchimie de Carré d'Art est telle que l'œuvre de Fiona Rae trouve dans ce creuset la dimension qui, puissamment, fait jaillir de ses racines culturelles une création fécondée par tant de sources.

Il faudra décrypter ces réseaux; pénétrer ces labyrinthes; regarder, sous le regard des présences qui nous attendent – pour quelles voracités? – au delà de la toile.

Fiona Rae est créatrice au sens du Créateur.

Ses œuvres – son Grand Œuvre – tendent le message. À nous de trouver les clés. En nous.

Nul doute que Carré d'Art nous y aidera.

Jean-Paul FOURNIER
Maire de Nîmes
Président de Nîmes-Métropole
Conseiller Général du Gard

Daniel J. VALADE
Adjoint au Maire de Nîmes
Délégué à la Culture
Président de Carré d'Art

VERMEER CHEZ LES SPICE GIRLS UN DIALOGUE

Jean-Pierre Criqui

PREMIÈRE PARTIE. ***La scène se passe dans le salon d'un appartement parisien du X***^{e} ***arrondissement.***

Bruno. (Retirant le casque stéréo qu'il avait sur les oreilles.) Qu'est-ce qui te fait rire comme cela?

Iris. C'est cette idée que je trouve en lisant *L'Anglais décrit dans le château fermé,* d'un délit qui consisterait non pas à dérober ou détruire des œuvres d'art mais à en glisser subrepticement de nouvelles dans les collections publiques. À «rajouter», comme écrit Mandiargues, «des tableaux au Louvre ou à la National Gallery», à «faire pénétrer des objets saugrenus dans l'ordre poussiéreux et solennel des musées nationaux». Voilà qui serait assez réjouissant, non?

Bruno. Oui, sans doute. Cela me rappelle un fait divers qui a défrayé la chronique il y a quelques années, en Angleterre justement. Un escroc qui cherchait à écouler de faux Giacometti avait réussi à introduire dans les archives de la Tate Gallery des documents, tout à fait faux eux aussi, accréditant l'authenticité des dessins en question. Devant l'excellence de telles sources, la Tate n'avait plus qu'à s'exécuter et à réaliser l'acquisition. Je ne sais plus exactement ce qui est arrivé par la suite, mais quelqu'un a découvert le pot aux roses. On pourrait sans difficulté imaginer qu'il s'agit là d'une variante de ce que tu me racontes, comme une preuve supplémentaire de ce que la réalité finit toujours plus ou moins par imiter l'art. Par ailleurs, cela m'amuse que tu tombes sur une histoire pareille dans un livre où l'introduction d'objets saugrenus, pour reprendre les mots que tu viens de citer, joue effectivement un rôle prédominant.

Iris. Restons-en pour le moment aux sujets artistiques, si tu veux bien.

Bruno. Je n'y vois pas d'inconvénient. D'autant que, si l'on y réfléchit une seconde, toute cette affaire résume à merveille ce à quoi nombre d'artistes se sont employés depuis quasiment deux siècles, à savoir faire entrer au musée les pièces de collection a priori improbables que constituent leurs œuvres. Tu me rétorqueras que ce caractère improbable, au sens typologique, relève aussi depuis belle lurette des stratégies les plus éprouvées en vue d'une cooptation par le musée.

Iris. Oh, je ne crois pas que la stratégie y soit pour grand-chose. Vu le sentiment d'ambivalence extrême que les meilleurs artistes ont très souvent entretenu à l'égard de l'institution muséale, j'inclinerais plutôt pour la fatalité, voire pour une ruse de l'histoire... De toute façon, le jeu consistant à transgresser, comme on disait il n'y encore pas si longtemps, les limites ou les fonctions ordinaires du musée ne m'a jamais paru qu'un élément parmi d'autres du vocabulaire contemporain. Dans bien des cas, et pas les moins passionnants, c'est une notion qui ne fournit pas un angle d'attaque très pertinent. Ce qui se révèle fructueux avec Buren, pour prendre un exemple évident, le devient nettement moins avec Ryman. Cela dit, je ne t'apprendrai pas que Buren aime beaucoup Ryman, ce qui complique peut-être encore un peu plus la question.

Bruno. Tant mieux. Cela fait plaisir à entendre juste au moment où je voulais t'entretenir d'une artiste sur qui j'ai très envie d'écrire quelque chose.

Iris. Fiona Rae?

Bruno. Oui, je t'ai montré quelques-uns de ses catalogues et quelques reproductions de ses tableaux récents mais nous n'avons pas vraiment eu le temps d'en discuter.

Iris. Je sens qu'il va falloir parler peinture...

Bruno. Difficile d'y échapper dans la mesure où elle ne fait que cela. Je ne doute pas que comme tout le monde elle prenne une photo de temps en temps, ni même qu'elle ait parfois songé à réaliser, ou réalisé pour de bon, autre chose que des tableaux, mais à ma connaissance elle n'a jamais exposé que cela. Des tableaux: des toiles tendues sur châssis et couvertes de peinture à l'huile ou d'acrylique. De la part de quelqu'un né en 1963, cela fait presque d'elle une sorte d'exception, en tout cas parmi les artistes de cette génération dont on peut voir des œuvres dans les musées.

Iris. Ah oui? Considère un instant tous ces peintres figuratifs, et plutôt traditionalistes, que l'on présente un peu partout actuellement, enrôlés ou non sous la bannière de Picabia. Est-ce qu'ils font autre chose que des tableaux?

Bruno. Tu as raison, et cela prouve avant tout que je n'associe pas Fiona Rae à cette scène-là. Moi ni personne, du reste. Il y aurait beaucoup à dire sur un tel usage, pour le moins convenu et quelque peu décourageant, de l'épithète «figuratif», ne serait-ce que parce que Fiona Rae, rangée habituellement avec la même rapidité simplificatrice sous l'étiquette «peinture abstraite», peint elle aussi des figures. Mais le fait est que John Currin et elle n'occupent pas la même sphère esthétique, ou intellectuelle, et ne semblent pas partager la même histoire ou les mêmes références.

Iris. Je me souviens de la complexité des œuvres d'elle que tu m'as montrées. Des images extrêmement difficiles à mémoriser un tant soit peu. Je me demande comment se débrouillent les commentateurs. À ta place, je commencerais par essayer d'établir les éléments du lexique et les principes qui règlent leur agencement, à supposer évidemment que l'on puisse repérer quoi que ce soit d'approchant.

Bruno. J'apprécie cette métaphore ethnographico-linguistique, qui fleure bon l'enquête de terrain. Elle est de surcroît assez appropriée: à propos de ses débuts, Fiona Rae a effectivement déclaré qu'elle avait tenté de construire une sorte d'alphabet. Avant même sa première exposition personnelle, qui date de 1990, deux grandes toiles de 1989, Untitled

Untitled (nine on yellow 1), 1989
Huile sur toile / Oil on canvas
213,4 × 198 cm / 84 × 78 in
Collection Sarah Kent, London

(nine on yellow 1) et Untitled (nine on green), composées chacune de neuf blocs de divers contrastes de peinture, un peu comme des idéogrammes polychromes, confirment une telle volonté. On pense aussi à un musicien mettant au point une série de riffs ou de traits – le mot français tombe bien; en anglais on dirait *licks,* ce qui n'est pas mal non plus dans un autre registre – qu'il replacera à bon escient le moment venu. Mais il ne faut jamais prendre pour argent comptant ce que nous expliquent les artistes. Le problème est qu'une fois distinguées quelques grandes oppositions, quelques différences fondamentales valant les unes par rapport aux autres, il devient assez illusoire d'approfondir notre pulsion organisatrice. Regarde. *(Il ouvre un catalogue posé sur une table à proximité.)* Voici un tableau relativement simple, Untitled (black 1) de 1990. Le fond noir uni sur lequel se détache l'ensemble de ce que l'on pourrait nommer des événements picturaux – formes, touches, taches, figures justement, dans tous les cas choses qui arrivent à la surface – facilite assez largement notre lecture. Il y a ce grand archipel en aplat rouge dans le quart supérieur gauche qui peut servir de départ à notre exploration. On en retrouve un fragment minuscule, rime ou écho, en bas à droite, coupé par le bord horizontal sous cette espèce de plateau ou de table à dominante vert-bleu qui ferme le coin inférieur droit. Résultat

Untitled (nine on green), 1989
Huile sur toile / Oil on canvas
213,4 × 182,9 cm / 84 × 72 in
Collection de l'artiste / Collection of the artist

plus ou moins fortuit ou claire délibération, c'est impossible à décider, le reste des événements semble s'articuler en contrepoint de ces deux régions prépondérantes, j'entends prépondérantes au moins par leurs dimensions. Cette articulation repose de fait, à première vue, sur un système de différences: de taille, de couleur, de texture, d'effet, et cela au sens ou ce dernier mot connote en même temps les multiples modes de faire auxquels recourt l'artiste et la vaste gamme de perceptions qui en découle chez le spectateur. Mais, si d'un tableau à l'autre on constate certains principes similaires, comme les jeux de contraste entre zone monochrome et zone multicolore, contour net et contour irrégulier, surface lisse et surface empâtée, aplat statique et trace plus ou moins feinte du passage de l'outil, avec la vitesse que cela suggère, il n'en demeure pas moins qu'aucun élément ne se répète jamais à l'identique et que nul lexique stable n'est véritablement identifiable.

Iris. **Rassure-toi, je ne m'attendais pas à ce que tu traduises pour ainsi dire intégralement ces tableaux, ni même à ce que tu découvres en eux un code précis, une quelconque loi de permutation. Néanmoins, rien que ce que tu viens d'énoncer permet de saisir pour une part comment ils sont pensés, à quelle combinaison de réglage et d'ouverture ils répondent. J'entends par là qu'il y entre à l'évidence pas mal d'improvisation, mais à**

partir d'un schéma préétabli, ou pressenti plutôt. C'est assez proche du jazz, finalement: on a une trame harmonique – mais c'est ici l'artiste qui se la fabrique, elle ne l'emprunte pas explicitement à un répertoire extérieur, elle est aussi compositeur –, la fameuse grille d'accords – je sais que tu ne vas pas pouvoir t'empêcher de souligner l'importance du concept de grille pour la peinture – et par-dessus des variations dans lesquelles il s'agit d'être le plus inventif, le moins attendu possible. Je te concède qu'une fois posé cela, on est loin d'avoir satisfait pleinement à l'exigence de commentaire, mais on a tout de même restitué à l'œuvre une sorte de cadre heuristique, quelque chose comme son ambiance de travail. D'autre part, j'étais de nouveau frappée en t'écoutant décrire ce tableau du début par la façon abrupte, casse-cou presque, qu'elle a de se lancer d'emblée dans des choses compliquées. C'est un peu comme si Stella s'était fait connaître par ce qu'il faisait dans les années 1980 ou 1990. Elle y va bille en tête, et advienne que pourra.

Bruno. C'est vrai, et j'aime énormément ce genre d'imprudence, ce dédain pour toute construction méthodique, pas à pas. De toute façon, il me semble qu'un parcours à la Stella serait difficilement concevable de nos jours, en peinture du moins. Le plus drôle dans le cas de Stella et ce qui lui vaudra toujours mon affection, est que tout laissait à penser qu'avec ses peintures noires il commençait par la fin, je veux dire la fin de la peinture, et qu'on avait droit à un enterrement de première classe: c'était tout le contraire, ainsi que la suite l'a démontré, et j'ai toujours eu le sentiment qu'il y avait là un pied de nez des plus réjouissants. Pour en revenir à Fiona Rae, son côté risque-tout, funambule, est aussi ce qui rend ses tableaux excitants. Tu remarqueras combien ses œuvres, et notamment les premières, flirtent visuellement, formellement, avec la catastrophe. D'où sans doute leur énergie, qui est très communicative. Et je suis d'accord, il n'y a généralement rien de tel que la musique, mais pas seulement le jazz, pour transmettre une telle urgence. *(Il remet en marche le lecteur de cd. On entend* Cooksferry Queen *de Richard Thompson et Bruno, imitant la voix de ce dernier, chante en même temps que lui: «It's a secret but no secret / It's a rule but no rule...»)*

Untitled (emergency room), 1996
Huile et acrylique sur toile /
Oil and acrylic on canvas
213,4 × 198 cm / 84 × 78 in
Tate Gallery, London

Iris. **Bigre, cela nous change de Lachenmann ou de Bouzignac! Baisse tout de même un peu le volume, s'il te plaît, et cesse de gigoter, on dirait que tu vas avoir une crise d'épilepsie. Je te rappelle que le trémoussement ne constitue pas une variété très éclairante de la critique, à moins que tu ne souhaites confirmer à ta manière cette maxime impérissable de Thelonious Monk, qui pensait qu'écrire sur la musique revient grosso modo à danser sur l'architecture. Raconte-moi plutôt ce qui se passe pour Fiona Rae après ces premiers tableaux.**

Bruno. **Le travail s'organise par chantiers distincts et successifs, par séries si tu préfères, sans donner à ce mot un sens trop spécifique. Un peu après le milieu des années quatre-vingt-dix, il y a par exemple une série dite en noir et blanc, l'une des plus étonnantes à mon avis par sa luxuriance, son excès même. Dans chaque tableau, un certain nombre de disques colorés, bicolores pour la plupart et peints comme au cordeau, vient s'insérer parmi une profusion de marques noires et blanches qui créent une sorte de fourmillement, d'agitation de la surface assez épuisante. L'un des plus réussis est Untitled (emergency room), de 1996, dont le sous-titre ne me paraît pas indifférent. Un autre de la même année a été baptisé Untitled (parliament). Je ne sais pas s'il faut voir là une allusion à une séance entre députés particulièrement houleuse ou**

Untitled (white, grey and black), 1995
Huile sur toile / Oil on canvas
91,4 × 335,3 cm / 36 × 132 in
Collection particulière / Private Collection, London

au groupe de funk déjanté qu'a dirigé George Clinton, puisqu'après tout il n'est pas impossible non plus de songer devant quelques-uns de ces motifs circulaires aux 33 tours de naguère. Quant à l'aspect global, on peut évoquer un mixte de cinétisme en folie et de Hans Hofmann, à cause de l'effet *push and pull* des disques en question. On dirait surtout qu'une composition géométrique a partiellement fondu et que subsistent quelques morceaux durs et ronds, englués dans une sauce sans nom. C'est assez pop, virtuose, et cela coupe le souffle.

Iris. Je suppose que la liste des références ou des affinités que l'on peut empiler sur de pareils tableaux est virtuellement interminable et que les critiques s'en sont donné à cœur joie...

Bruno. Certes, il n'y a pas de raison de se priver, ce n'est pas moi qui pourrais prétendre le contraire. Je crois du reste que cela fait partie du défi propre à ces œuvres. Aux peintres sempiternellement mentionnés, il convient d'ajouter la bande dessinée et le dessin animé: George Herriman, Walt Disney, Tex Avery, bien d'autres encore. Et toute la gamme des dérèglements visuels introduits par la télévision, cela va de soi. À ce sujet, Fiona Rae n'est pas bégueule. Elle a reconnu dans un entretien accordé à l'époque où elle peignait cette série en noir et blanc qu'elle s'autorisait à prendre son bien où bon lui semblait, qu'il s'agisse de Vermeer ou d'un clip des Spice Girls. Pas question de choisir: ce qui est amusant, c'est l'un et l'autre. Tu imagines cela? Vermeer débarquant chez les Spice Girls... Tu te souviens des Spice Girls, j'espère?

Iris. Oui, j'en ai peur. Pardonne-moi si je te freine quelque peu dans ton bel enthousiasme juvénile, mais je pensais à de Kooning. Appartiendrait-il à la bande des suspects habituels?

Bruno. C'est à vérifier. Pourquoi penses-tu à lui ?

Iris. À cause de son grand bol de soupe. C'est l'image qu'il a utilisée afin de définir son rapport à l'histoire de l'art: tu plonges la main dedans et en fouillant un peu tu trouves ce qui te convient. Comme dans un ragoût. Il y a de cela, me semble-t-il, dans la décontraction que Fiona Rae affiche à l'égard de ses sources d'inspiration – si ce n'est qu'elle étend visiblement les frontières de l'art à des domaines insoupçonnés de son illustre prédécesseur. Et encore... de Kooning non plus ne reculait pas devant une certaine vulgarité. On lui doit cette phrase magnifique: «I always seem to be wrapped in the melodrama of vulgarity.» De ce point de vue, ses *Women* sont en effet capables d'en remontrer à pas mal de gens, je veux dire d'œuvres d'art. Et, pour en rester aux métaphores culinaires, qui s'y entendait mieux que lui en termes de cuisine picturale, d'effets subtils et de tours de main trompeurs? *(Elle se lève et quitte la pièce. Bruno met un autre cd dans le lecteur. On entend Anita O'Day qui chante* It Had To Be You.*)*

* * *

SECONDE PARTIE. À bord de l'Eurostar, entre Londres et Paris. Iris et Bruno sont assis côte à côte.

Iris. (Contemplant l'emballage en plastique et cellophane qui gît à moitié vide sur la tablette devant elle.) Ce n'est pas avec une pareille nourriture que l'on risque de perdre son temps à festoyer... Alors, cette visite à l'atelier de Fiona Rae?

Bruno. Des plus instructives, vraiment. Elle est en train de terminer une toile d'un format inhabituel, pour elle et pour quiconque aussi bien: dans les dix mètres de long et d'une hauteur d'un mètre cinquante environ, Trans-Island Skyway. Très cinémascope, bien plus encore que les tableaux déjà passablement en largeur qu'elle avait peints et exposés en 1995. Et je ne dis pas cela seulement à cause des dimensions, mais parce que j'ai véritablement eu l'impression que la chose était traitée à la manière d'un écran. Un écran à la surface duquel apparaissent ou s'apprêtent à disparaître, souvent comme si cela venait de s'allumer ou allait s'éteindre, sur un fond sombre, des formes ou des signes variés. Il y a pas mal de lettres ou de signes typographiques dans ses tableaux depuis deux ou trois ans: ici une esperluette, là le «F» typique de la marque Fender, et beaucoup d'autres éléments qui m'ont paru renvoyer clairement à l'univers informatique. Quand je parle d'écran, c'est autant celui de l'ordinateur que celui de la salle de cinéma qui m'est venu à l'esprit en regardant les tableaux actuellement à l'atelier. J'ai du reste cru comprendre que c'est sur l'Internet qu'elle trouvait certaines polices de caractères et divers motifs de ce genre.

Iris. D'après les photos que tu as avec toi, il me semble que, par rapport aux images dont nous avons déjà discuté, le fond prend maintenant une plus grande importance. Les figures qui s'y inscrivent ont aussi l'air d'être plus espacées, moins intriquées, plus flottantes. Le fait que ce fond soit souvent noir, de couleur foncée en tout cas, et que les éléments qui l'occupent ou qui paraissent en émaner soient peints comme s'il s'agissait de sources lumineuses, concourt à une forte dématérialisation de ce qui nous est donné à voir. Comme il arrive parfois dans l'espace du rêve – mais un rêve sans personnages, désincarné, un peu à la manière de certains paysages oniriques de Tanguy, par exemple. Et c'est une comparaison que je prolongerais volontiers quand je constate comment Fiona Rae use du modelé afin de mettre en relief tel ou tel détail, comment ses ombres et ses lumières, assez dramatiques tu en conviendras, sont distribuées. Serait-on en présence d'une résurgence inédite du surréalisme?

Bruno. Peut-être plutôt de l'influence de procédés propres à une certaine science-fiction, que celle-ci ait pour support le cinéma, les images dites de synthèse ou la bande dessinée. Fiona Rae n'en fait pas mystère: il suffit d'observer l'iconographie ou les menus objets dont elle s'entoure à l'atelier pour s'en apercevoir. Après lui avoir rendu visite, je suis allé à la Tate Modern voir un grand tableau d'elle qui est accroché pendant quelque temps dans le café-restaurant du dernier étage. L'œuvre s'intitule Shadowland, elle est de même format et de même type que celle à laquelle elle travaille actuellement. La remarque va peut-être te sembler puérile, mais je trouve que l'on a vraiment envie de rentrer à l'intérieur du tableau et de se déplacer dans cet espace impossible, comme une sorte de Zelig de la peinture. Sans doute également à cause du titre, cela m'a rappelé *Flatland*, le roman écrit par Edwin A. Abbott vers 1880 et dont le narrateur est un carré vivant dans un pays strictement bidimensionnel. Figure-toi une sorte de Gulliver géométrisé.

Shadowland, 2002
au restaurant de la Tate Modern /
at the Tate Modern restaurant, London

À Flatland, tout se passe dans le plan, et les habitants ne peuvent donc jamais se considérer que partiellement, selon leur profil incomplet, ce qui les fait ressembler, apprend-on, à des ombres dures cernées d'un bord lumineux. Notre carré passe aussi en revue quelques pays voisins: Lineland, à une dimension, Pointland, qui n'a aucune dimension, et inévitablement Spaceland, à trois dimensions. C'est une lecture à conseiller pour le développement de l'imagination topologique. Car, tu t'en doutes, elle n'est pas sans relation avec quelques problèmes de peinture qui nous intéressent.

Iris. **Ah, les problèmes de peinture, j'adore cette expression… Je ne peux jamais l'entendre sans songer aux *Lösungen* de Polke. Tu sais, ces tableaux qui montrent des opérations arithmétiques dont la solution est invariablement erronée, du genre 1 + 3 = 5. Cela dit, je te concède volontiers que la notion de problème – problème à résoudre ou problème insoluble – constitue l'un des piliers de la pratique artistique, et notamment depuis le modernisme. Si je me souviens bien, il y a déjà une analogie de ce genre chez Constable, pour qui une composition réussie était comme une addition exacte à laquelle on ne pouvait ajouter ou retrancher le moindre chiffre.** ***(Deux hommes traversent le couloir central du compartiment, l'un apostrophant l'autre d'un ton surexcité: «Vous me rappelez ce héros d'un film, comment il s'appelait? Replay? Rippel? Ziplay? bref un être très très passif et sans morale qui finit par tuer quelqu'un à qui il aimerait ressembler en le jetant par-dessus un bateau, en pleine mer, beau film, par une belle matinée technicolor, plein soleil, il prend son identité, scène formidable à la banque avec imitation de signature, et puis au milieu de ça des gros plans gratuits dans un marché aux poissons, ça se termine mal, j'ai arrêté de voir des films, je veux des happy ends.»)***

Shadowland, 2002
Huile et acrylique sur toile /
Oil and acrylic on canvas
3 panneaux / 3 panels
dimensions totales / total dimensions
142,2 × 1005,6 cm / 56 × 396 in
Commandre pour le restaurant de la Tate Modern /
Commission for the Tate Modern restaurant, London
Courtesy Timothy Taylor Gallery, London

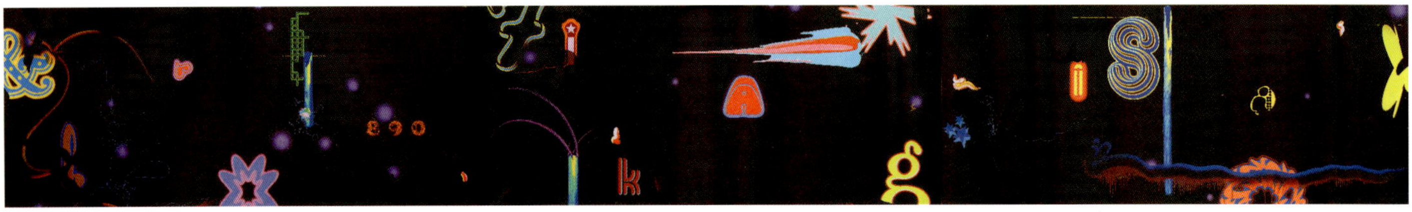

Bruno. **Ne crois-tu pas que l'une des implications de ces tableaux de Polke, leur sous-entendu en quelque sorte, serait que l'artiste est toujours un menteur et qu'il convient de se défaire une bonne fois pour toutes du mythe de la sincérité?**

Iris. **Un peu de sincérité est une chose dangereuse, et beaucoup est absolument fatal.**

Bruno. **Je ne te le fais pas dire. C'est ce qui me plaît aussi chez Fiona Rae: il est flagrant qu'elle prend son travail au sérieux, qu'elle s'y consacre avec intensité, qu'elle a à cœur de s'inventer périodiquement de nouveaux objectifs et de se surprendre elle-même. En même temps, on ne sent nulle part de moi qui pèse ni d'identité lourdement revendiquée. Rien d'embarrassant, en somme, ni pour elle ni pour nous. C'est une vertu qu'il faut savoir parfois saluer, n'est-ce pas? Quant à ces fameux problèmes à propos desquels tu ironises, j'ai vu chez elle une toile de 2001, Rodeo, qui pourrait alimenter notre réflexion. C'est un tableau remarquable, très léger, sur fond blanc. Elle a collé çà et là à sa surface des disques de paillettes blanches, chacun pourvu de son ombre hyper-réaliste et le résultat n'est pas sans évoquer de loin des boules de neige, ou des trous selon que tu les considères en positif ou en négatif. Parmi les autres motifs, il y trois grandes lettres colorées, un Q et deux A. Comme *question* et *answer*, si tu tolères un peu d'interprétation, mais avec deux réponses pour une seule question. Ce n'est pas ce que j'appellerais une peinture dépourvue de message.**

Iris. (Refermant les programmes de cinéma qu'elle était en train de parcourir.) **On va bientôt arriver, et pile à l'heure. Qu'est-ce que tu dirais de te presser un peu et de finir la journée en allant revoir *Playtime* de Tati?**

VERMEER MEETS THE SPICE GIRLS A DIALOGUE

Jean-Pierre Criqui

PART I. The scene is set in the sitting-room of an apartment in the 10th arrondissement of Paris.

Bruno. (Removing the stereo headset from his ears.) What is it that's so funny?

Iris. It's this idea I got from *L'Anglais décrit dans le château fermé,* of a crime that involves not stealing or destroying works of art but actually sneaking new ones into public collections. Mandiargues talks about "adding pictures to the Louvre or to the National Gallery", "bringing some outrageous pieces into the solemn, dusty orderliness of our national museums". Could be great fun, don't you think?

Bruno. Yes, I suppose it could. It reminds me of a news item in the papers a few years back, this was in England too. This crook trying to sell his fake Giacomettis had contrived to slip into the Tate Gallery archives some documents which were also complete forgeries, and which attempted to authenticate the drawings in question. In the light of these excellent sources, the Tate had no choice but to go ahead and buy them. I don't quite remember how it all ended, but anyway someone found out. It's easy enough to look at this as being a variation on what you are telling me, as further proof of how reality always ends up more or less copying art. I find it amusing that you should come across a story like that in a book in which bringing in outrageous pieces, to use the words you've just quoted, does indeed play a major role.

Iris. Let's stick to artistic topics for the moment, if you don't mind.

Bruno. That's all right by me. Especially because, when you think about it, this whole business pretty well sums up what a lot of artists having been trying to do for nearly two centuries, i.e. to get into the museums, let's face it, some fairly unlikely collector's items – their own works. Now you are going to tell me that this unlikely character, in the typological sense, is just one more of those timeworn, well-tried strategies for getting co-opted by a museum.

Iris. Oh, I don't know that strategy has much to do with it. Given the extremely ambivalent view the best artists have very often taken of the museum institution, I'd say it was rather a matter of fate, perhaps even a quirk of history... In any case, the game of overstepping the ordinary functions or limits of the museum, as people used to say not so long ago, has always struck me as being just one of many sides to the contempo-rary rhetoric. In many cases, and by no means the duller ones, it's a notion that doesn't give a very relevant angle on the matter. What works so well with Buren, to take an obvious example, doesn't work nearly so well with Ryman. Having said that, you don't need me to tell you that Buren is really into Ryman, which perhaps puts yet another spin on things.

Bruno. So much the better. It's good to hear you say so right at the moment when I wanted to tell you about an artist I'm very keen to write a piece on.

Iris. Fiona Rae?

Bruno. Yes, I've shown you some of her catalogues and a few reproductions of her recent paintings, but we haven't really had time to talk about them.

Iris. I can see we are going to have to talk about painting...

Bruno. There's no way round that, seeing as she does nothing else but paint. I'm sure like everyone else she takes a photo now and then, and has maybe even thought of doing, or possibly actually done, things that weren't paintings, but as far as I know, she has never exhibited any of them. A painting: canvas held taut over a stretcher and covered with oil or acrylic paints. For someone born in 1963, this makes her something of a one-off, at least among the artists of that generation whose works can be seen in museums.

Iris. But is that really so? What about all those figurative painters, and a pretty conservative bunch they are too, who are on show right this minute wherever you turn, whether or not they come under the Picabia banner. What do they do if not paintings?

Bruno. You're right, which only goes to show that I don't include Fiona Rae in that category at all. Nor does anyone else for that matter. We could spend all day talking about the so trite and rather depressing way people use the word "figurative", if only because Fiona Rae – whose work is usually labelled "abstract painting", another hasty oversimplification – happens to paint figures too. But the fact is that John Currin and herself are working on a different aesthetic or intellectual plane altogether, and don't seem to share the same history or the same references.

Iris. I remember how complex those works of hers that you showed me were. Her images are extremely difficult even to begin to memorize. I wonder what the commentators make of them. If I were you, I'd start by trying to draw up a kind of glossary with the principles behind how the different items in it fit together, always supposing of course that you can actually put your finger on anything of the kind.

Bruno. I like that linguistic-cum-ethnographical metaphor; it has a nice field survey ring to it. It is also quite appropriate – talking about her early work, Fiona Rae actually stated that she had tried to construct a kind of alphabet. Even before she had her first solo exhibition, in 1990, she confirmed this intention with two large canvases of 1989, Untitled (nine on yellow 1) and Untitled (nine on green), each composed of nine blocks of paint contrasting with each other in various ways, rather like polychrome ideograms. It also makes you think of a musician working out a series of riffs or *traits* – the French word works well here; in English you would say licks, which also works well on a different level – which he puts back in at the right place when the time comes. But beware of ever taking what artists have to say at face value. The problem is that once you have distinguished a few major oppositions, a few fundamental differences that take on value in relation to each other, it becomes rather pointless to delve further into our impulse to organize. Take a look at this. *(He opens a catalogue lying on a nearby table.)* Here is a relatively straightforward picture, Untitled (black 1) of 1990. The uniform black ground from which stand out all the pictorial events, as we might call them – forms, touches, marks, figures (as I was saying), i.e. things that come to the surface – is a great help for reading the picture. There is this great archipelago in red flat tint in the top left-hand quarter which we can take as a starting point for our exploration. We find a tiny fragment of it to rhyme or echo it, in the bottom right, cut off by the horizontal edge under this kind of mostly bluish-green table or tray closing off the bottom right-hand corner. You cannot tell whether this happened by accident or by design; the rest of the events appear to be constructed as a counterpoint around these two predominant areas – predominant in terms of their dimensions at least. At first glance, their articulation in fact relies on a system of differences: differences of size, colour, texture, effect, and it does so in the sense that this last term connotes all at once the numerous operating modes used by the artist and the resulting vast array of perceptions for the viewer. However, while we see certain similar principles at work from one painting to another, such as the play of contrast between the monochrome area and the multicoloured area, sharp contour and irregular contour, smooth surface and rough surface, static flat tint and more or less disguised trace of the tool's passage, with the speed that this suggests, all the same no element is ever repeated identically and so there is really no stable, identifiable vocabulary.

Iris. Don't worry, I wasn't expecting you to come up with anything like a full rendering of these pictures, or even discover in them any precise permutational law or code. All the same, what you have just said is

Untitled (black 1), 1990
Huile sur toile / Oil on canvas
213,4 × 198 cm / 84 × 78 in
Marx Collection, Hamburger Bahnhof, Berlin

enough to get some idea of how they are thought out, and what combination or organization and opening they follow on from. What I mean is that there is clearly quite a bit of improvisation going on here, but based on a preset scheme, or rather a premonition of one. It's very like jazz, really: you have the basic harmonics – but here the artist makes her own, she doesn't expressly borrow any from an external repertoire, for she is a composer as well – the familiar grid of chords (I know you won't be able to help stressing the importance of the notion of the grid in painting) and over variations for which you have to be as inventive and as unpredictable as you possibly can. I grant you that once you have said that, you are still a long way from having made a proper commentary, but at least it puts the work in a kind of heuristic framework, something like its working atmosphere. Also, I was again struck, listening to you describe this early picture, by the abrupt, almost reckless way she has of plunging head first into such complicated things. It's rather as if Stella made a name for himself through what he was doing in the eighties or nineties. She really goes for it, and the devil take the hindmost.

Bruno. That's true, and I really love this way of casting caution to the wind, this disdain for any kind of methodical, step-by-step construction.

Untitled (parliament), 1996
Huile et acrylique sur toile /
Oil and acrylic on canvas
274,3 × 243,8 cm / 108 × 96 in
Art Review Collection, London

In any case, I feel it would be hard to imagine anyone following a career like Stella's nowadays, in painting at any rate. The funny thing about Stella, and I shall always love him for it, is that with his black paintings, it was for all the world as if he were starting at the end, I mean the end of painting, and that he was giving it a first-class send-off. Quite the opposite as it turned out, and I have always felt this was a wonderful raspberry. To come back to Fiona Rae, her break-neck, tight-rope artist side is also what makes her paintings so exciting. You will observe just how much her works, especially the early works, flirt with disaster, both visually and formally. This I suppose is what gives them their infectious energy. And I agree, there is generally nothing like music – but not just jazz – to convey such urgency. ***(He starts up the cd player again. It plays Richard Thompson's*** **Cooksferry Queen** ***and Bruno sings along with him, imitating his voice: "It's a secret but no secret / It's a rule but no rule...")***

Iris. **My God! This certainly makes a change from Lachenmann or Bouzignac! But please turn the sound down a bit, and stop writhing about like that, you'd think you were going to have an epileptic fit or something.**

Wiggling the hips is not a particularly enlightening form of criticism, I would have you know, unless this is just your way of confirming the immortal words of Thelonious Monk, to the effect that writing about music was tantamount to dancing on architecture. You should really be telling me what Fiona Rae did next after those early paintings.

Bruno. **Her work comes in a succession of distinct projects, in series if you will, though without putting too fine a point on the word. Some time after the mid-nineties, for instance, there was a so-called black-and-white series, one of the most astonishing in my view on account of its lavishness, to a fault even. In each painting, there are a number of coloured discs, mostly in two colours painted in a dead straight line, and which are inserted among a profusion of black and white marks which create a pretty exhausting kind of swarming disturbance of the surface. One of the most successful of these is Untitled (emergency room), dating from 1996, where the subtitle strikes me as being very important. Another from the same year is called Untitled (parliament). I don't know whether we are supposed to see an allusion to some particularly stormy session in the House of Commons or to the crazy funk group led by George Clinton, because seeing some of these circular shapes does possibly bring to mind the old 33 rpm records. As for the overall appearance, it may be described as a mixture of kineticism gone berserk and of Hans Hofmann, on account of the push-and-pull effect of these discs. Most of all, one gets the impression of some geometrical composition that has partly melted away, with a few, hard, round bits left floating around in some unspeakable gravy. It's pretty pop, virtuoso stuff, quite breathtaking.**

Iris. **I guess there is virtually no end to the list of references and likenesses that can be piled up on paintings like this, and the critics have had a field day...**

Bruno. **Right, and why shouldn't they? I myself am in no position to contradict you on that. In any case, that I feel is actually part of the challenge these works pose. In addition to the painters everyone keeps quoting, we could mention comic strips and cartoons: George Herriman, Walt Disney, Tex Avery, and plenty others. And, it goes without saying,**

the whole range of visual maladjustments that came along with television. On this point, Fiona Rae is no prude. At the time she was painting this black and white series, she admitted in an interview that she had no qualms about lifting whatever she needed from wherever she liked, whether it be Vermeer or a Spice Girls clip. It is not a matter of having to choose between them, the fun comes from having both. Can you imagine? Vermeer calling in on the Spice Girls... You do remember the Spice Girls, don't you?

Iris. Unfortunately, yes. Pardon me for putting a damper on your fine youthful eagerness, but actually it was de Kooning I had in mind. Would he by any chance be a member of the gang of usual suspects?

Bruno. Needs checking out. What made you think of him?

Iris. His big bowl of soup. This was the image he used to define his relationship with art history: you put your hand in it and grope around for a bit until you find what you are looking for. Like in a stew. It strikes me there is a bit of that in the offhand way Fiona Rae refers to the sources of her inspiration – unless she is visibly extending the boundaries of art to include areas her famous predecessor hadn't even dreamed of. And that's saying something... de Kooning was another one not put off by a certain kind of vulgarity. It was he who stated magnificently: "I always seem to be wrapped in the melodrama of vulgarity." From this standpoint his *Women* indeed could teach quite a few people, I mean works of art, a thing or two. And, while we are on with culinary metaphors, was there anyone better at "cooking" a picture, with subtle effects and devious sleight of hand? *(She gets up and walks out of the room. Bruno puts another cd in the player. We hear Anita O'Day singing* It Had To Be You.*)*

* * *

PART II. On the Eurostar, somewhere between London and Paris. Iris and Bruno are sitting side by side.

Iris. (Staring at the plastic and cellophane wrapping lying half-empty

Untitled (orange, black and green), 1995
Huile sur toile / Oil on canvas
106,7 × 335,3 cm / 42 × 132 in
Collection de l'artiste / Collection of the artist

on the flap in front of her.) **With food like that we're not going to be wasting our time pigging ourselves... Well, how did your trip to Fiona Rae's studio go?**

Bruno. **Highly instructive, definitely. She's just finishing a canvas in a format that is unusual, not just for her but for anyone else as well: about ten metres long and one meter fifty high, Trans-Island Skyway. Very cinemascopy, much more so even than the pictures she painted and put on show in 1995, and they were pretty wide. And I'm not just saying that because of the dimensions, but because I really felt the thing was being treated as if it was a screen. A screen with various shapes or signs appearing on the surface, against a dark ground, or preparing to disappear, often as if the screen had just come on or was about to go off. Over the last two or three years there have been quite a few letters and typographical signs in her pictures: here an ampersand, there the Fender brand 'F', and a lot of other elements that struck me as clearly belonging to the world of computing. When I say a screen, looking at the paintings at the studio just now, I was thinking as much of a computer screen as a cinema screen. In fact, if I've got this right, she actually used the Internet to download some of her character sets and various patterns of this kind.**

Iris. **If the photographs you have with you here are anything to go by, it strikes me that the ground is becoming more important now, as**

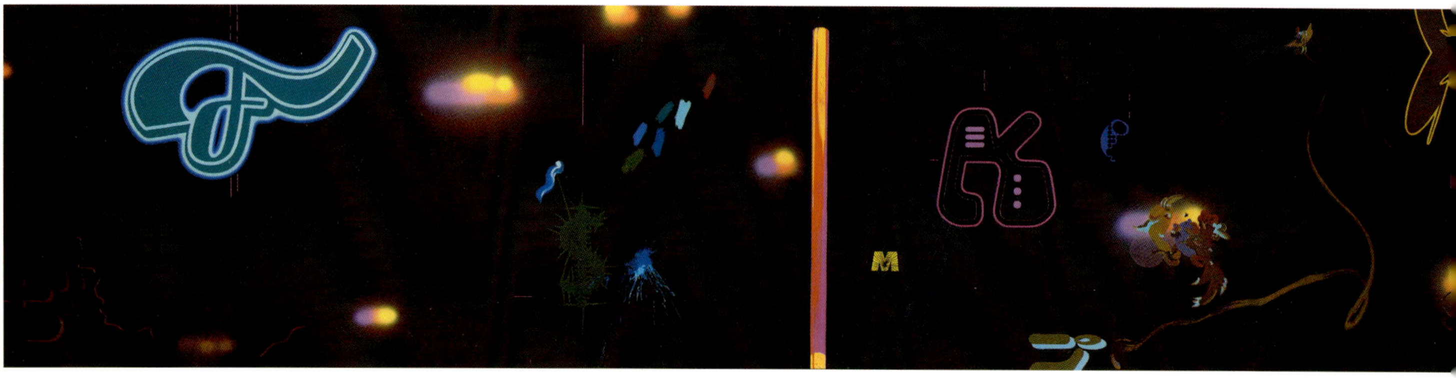

compared with the pictures we talked about earlier. The figures on it also appear to be more widely spaced, less intricate, more "in the air". The fact that this ground is often black or at any rate dark, and that the elements on it or which seem to emanate from it are painted as though they were light sources, is a powerful way of dematerializing what is put before our eyes. As sometimes happens to space in a dream – but a disembodied kind of dream with no characters, rather like certain dreamlike landscapes by Tanguy for instance. And that is a comparison I would want to take further when I see how Fiona Rae uses relief to bring out a particular detail, how her light and shade, which as I think you will agree are pretty dramatic, are distributed. Are we maybe in the presence of a fresh resurgence of Surrealism?

Bruno. Perhaps rather of the influence of methods specific to a certain type of science-fiction, whether its medium be film, computer graphics or comic strips. Fiona Rae makes no mystery of it; you can tell just from looking at the iconography or the bits and pieces she has all around her in her studio. After calling on her, I went to Tate Modern to see a large painting of hers which is going to be hanging for a while in the café-restaurant on the top floor. The work is called Shadowland, it is of the same type and format as the one she is working on just now. This may sound childish to you, but I find you really want to get inside the picture and move around that impossible space, like a kind of Zelig of painting. Probably because of the title, it also reminded me of *Flatland*, a novel written by Edwin A. Abbott in around 1880 where the narrator is a square living in a strictly two-dimensional country. It's a sort of geometrical *Gulliver's Travels* if you can imagine that. In Flatland, everything takes place on this single plane, and so the inhabitants never get more than a partial view of themselves, all they see is their incomplete profile, which we are told makes them look like sharply defined shadows edged in light. Our square also takes a look at a few

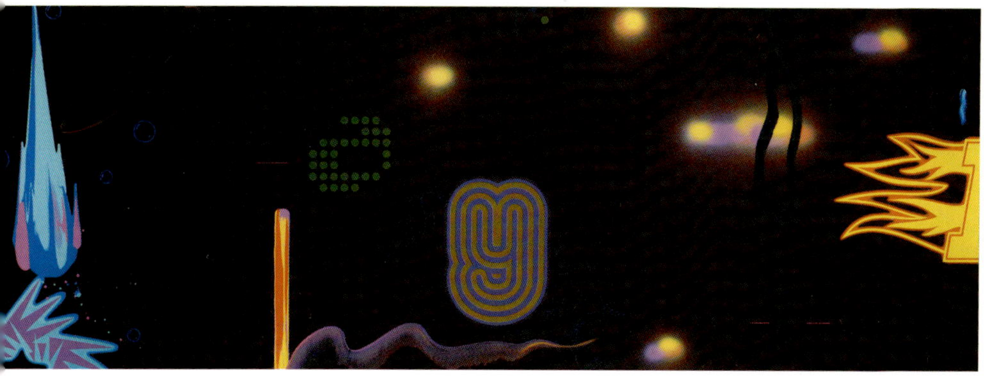

Trans-Island Skyway, 2002
Huile et acrylique sur toile /
Oil and acrylic on canvas
3 panneaux / 3 panels
dimensions totales / total dimensions
142,2 × 1005,6 cm / 56 × 396 in
Courtesy Galerie Nathalie Obadia, Paris

neighbouring countries: the one-dimensional Lineland; Pointland, which has no dimension at all; and of course the three-dimensional Spaceland. This is recommended reading for developing your topological imagination. Because, as you will have gathered, it has relevance to some of the problems of painting that we are interested in.

Iris. **Ah, the problems of painting, I just love that phrase... Every time I hear it I can't help thinking of Polke's *Lösungen*. You know, those pictures that show arithmetical problems, sums with invariably the wrong answer, like 1 + 3 = 5. Having said that, I wholeheartedly agree: the notion of the problem – whether problem-solving or an insoluble problem – is one of the mainstays of art, especially since modernism came along. As I recall, there is already an analogy of this kind to be made with Constable, for whom a composition that works is like a correct sum that not even the tiniest digit can be added to or subtracted from. *(Two men cross the central corridor of the compartment, one calling out excitedly to the other: "You remind me of the hero in a film, what was his name? Replay? Rippel? Ziplay? Anyway he is a very, very passive sort with no morals who ends up killing someone he wants to be like by throwing him overboard out at sea, a great film, one fine Technicolor morning, in blazing sunshine, he assumes his identity, terrific scene at the bank forging his signature, and then in the middle of it all these gratuitous close-ups at a fish market, it ends badly, I've stopped going to see films, I want happy endings.")***

Bruno. **Don't you think one of the implications of these pictures by Polke, the subtext if you will, might be that the artist is always a liar and that we should have done once and for all with this myth of sincerity?**

Iris. **A little sincerity is a dangerous thing, and a great deal of it is absolutely fatal.**

Bruno. **You can say that again. That's what I like about Fiona Rae: it sticks out a mile that she takes her work seriously, she is intensely devoted to what she is doing, every so often she will be looking for new**

Rodeo, 2001
Huile, acrylique et paillettes sur toile /
Oil, acrylic and glitter on canvas
246,4 × 203,2 cm / 97 × 80 in
Courtesy Galerie Bob van Orsouw, Zürich

targets and seeking to surprise herself. Yet at the same time, nowhere do you feel the slightest hint of an ego trip or any tedious claim to an identity. I mean there is nothing embarrassing, either for her or for us. This is a good quality that occasionally needs to be applauded, don't you think? To come back to those problems you were sarcastic about, there is a canvas of 2001 I saw at her place Rodeo that gives us food for thought. It's a remarkable painting, very light, on a white ground. Here and there on the surface she has glued these discs of white glitter, each casting an ultra-realistic shadow, and the result from a distance is rather like snowballs, or holes, depending on which way you look at them, as a positive or a negative. Among the other patterns there are three large coloured letters, a *Q* and two *A*s. As in Question and Answer, if you allow me to interpret a little, only with two answers to a single question. Not what I should call a picture without a message.

Iris. (Closing the cinema programmes she has been browsing through.)
We're nearly there, bang on time too. How about our getting a move on and going and seeing Tati's *Playtime* again?

TRANSITIONS: L'ŒUVRE DE FIONA RAE

Simon Wallis

Depuis une quinzaine d'années, Fiona Rae compte parmi les personnalités les plus attachantes et les plus fortes sur la scène de la peinture britannique. Ses œuvres attestent une rare aptitude à prendre des risques, et déploient une esthétique plurielle, sans cesse renouvelée, qui plonge ses racines dans l'histoire de la peinture, mais aussi dans le dessin, les arts graphiques, la mode, la musique, le cinéma et la bande dessinée, pour ne citer que quelques-unes des sources d'influence éclectiques de Fiona Rae. Chaque ensemble d'œuvres explore en profondeur les possibilités de créer et d'associer des images par rapport à l'environnement culturel immédiat et à ses résonances affectives et intellectuelles. C'est un art en prise sur les phénomènes visuels contemporains et sur nos désirs et préoccupations souvent contradictoires.

Fiona Rae savoure les couleurs, les matières et la malléabilité de la peinture. Ses tableaux nous surprennent et nous stimulent tout à la fois en évitant les ornières de l'habitude. Elle a élaboré tout un catalogue de touches, taches et coulures virtuoses, de fonds somptueux et d'éléments

calligraphiques, afin de sonder les espaces où nous pourrions nous projeter mentalement. Malgré toute leur force d'émotion psychologique, les peintures de Fiona Rae peuvent être froidement calculées dans leur construction excentrée qui autorise un dialogue fécond entre agencement rigoureux et improvisation modulée. L'artiste, qui est, par tempérament, réfractaire aux solutions de facilité, livre un témoignage profondément personnel sur la culture contemporaine en interrogeant les possibilités de la peinture avec assez d'intelligence pour ne pas jeter un discrédit inutile.

Il y a une spontanéité et une pulsion investigatrice dans les peintures de jeunesse de Fiona Rae, influencées, entre autres, par des artistes comme Picasso, Jean Dubuffet, Jean-Michel Basquiat, Cy Twombly, Jackson Pollock ou Robert Motherwell. Elles procèdent sur le mode du copier-coller dans l'esprit des papiers collés apparus au début du siècle dernier au sein de la peinture cubiste. Le cubisme incarnait une vision du réel radicalement neuve. Il a contribué à casser les références et les signifiants, permettant ainsi au langage pictural de devenir de plus en plus perméable aux échanges dialogiques. Les œuvres cubistes employaient le faux bois, les fragments de journaux, les réclames et les noms de marques pour favoriser l'intrusion croissante de la réalité quotidienne dans l'isolement grandiose des beaux-arts. Ces stratégies ont disloqué la composition du tableau et l'ont reconstituée en même temps autour de la représentation du nouveau déroulement temporel de la vie dans toute la complexité des perceptions personnelles, projet que le travail de Fiona Rae perpétue par bien des côtés.

À ce stade de sa carrière, elle utilise une forme d'abstraction biomorphe distanciée, qui oscille entre la structuration maîtrisée et l'exubérance puérile des taches, gribouillis, coulures, bavures et lignes sinueuses, et même une trace de peinture au doigt dans Untitled (yellow) 1990. Ce tableau en particulier présente une série d'éléments disparates qui descendent de l'angle supérieur gauche comme pour empiéter timidement sur l'espace pictural. Les tiges qui poussent sur une sorte de souche d'arbre rose introduisent une composante narrative et anthropomorphe, écartant ainsi tout soupçon de formalisme glacial.

Pablo Picasso
Nature-morte verte / Green Still Life,
Avignon été 1914 / summer 1914
Huile sur toile / Oil on canvas
59,7 × 79,4 cm / 23 1/2 × 31 1/4 in
The Museum of Modern Art, New York.
Lillie P. Bliss Collection

Les œuvres de cette période ont une dimension allègrement gestuelle, ce qui ne les empêche pas de s'attacher sérieusement à acquérir et délimiter un langage plastique à la fois personnel et cohérent. Au passage, des concrétions de formes et traces diverses s'agglutinent en suspens sur de vastes fonds plats qui procurent une aération précieuse dans un réseau d'échanges picturaux intensifs.

Fiona Rae en vient dans Untitled (pale green 1) 1990, une composition plus résolument déployée en all-over sur la toile, à utiliser des touches qui font penser à Philip Guston et à Julian Schnabel, dont les métissages d'abstraction et de figuration revisitent les traditions et les genres. Untitled (pink and blue) 1990 présente un univers pictural de formes méditées et improvisées qui se bagarrent, tandis que Untitled (yellow and black) 1991 oppose des pavés de couleur géométriques à des taches biomorphes et des frottis rapides. Fiona Rae montre des affinités évidentes avec la peinture, qu'elle manie avec une luxuriance malicieuse, en utilisant de grandes boucles et des effets calculés en pâte épaisse, qui constituent l'un des ingrédients les plus invariablement séduisants de sa peinture.

Les œuvres de jeunesse n'ont pas d'autre titre qu'une indication pratique des couleurs dominantes. C'est peut-être une façon de rester dans le vague et d'arrêter une course précipitée vers le sens. Ces tableaux datent en effet d'une période où la théorie exerçait une emprise hypnotique sur les œuvres de beaucoup de jeunes artistes, dont certains étaient les condisciples de Fiona Rae au Goldsmiths College de Londres.

Elle explique qu'à l'époque, elle a dû «batailler pour faire admettre le droit de réaliser un tableau» dans un climat majoritairement hostile à cette activité, sauf si elle était pratiquée de manière ironique ou avec une froideur toute cérébrale. Par conséquent, l'indétermination rafraîchissante de cet ensemble d'œuvres dénote une attitude quelque peu évasive à l'égard de leur nature exacte, qui évite habilement la pureté plastique et intellectuelle avec son cortège de certitudes. Ces peintures revêtent une sorte de proximité complexe et moderne, par le jeu des identités distinctes et des liaisons internes qui s'affirment tour à tour.

Les tableaux noir et blanc du milieu des années 1990 ont des compositions étouffantes, tout encombrées de disques colorés en aplat qui ponctuent une image grouillante de taches et traînées noires et blanches. Ils font tomber prestement les interdits légendaires de la «vieille école» en peinture, en employant la peinture noire et une multitude d'effets picturaux, qui pourraient presque provenir d'un répertoire exhaustif des procédés de décoration d'intérieur. Ces tableaux impétueux débordent d'une énergie violente qui brutalise le regard. La densité visuelle d'œuvres comme Untitled (emergency room) 1996, où règne une agitation compacte, entassée, n'offre guère de marge de manœuvre ni d'accès direct. Rien ne semble fixé ou assuré. L'œil ne peut se poser nulle part et le spectateur se retrouve dans la position du zappeur, parcourant la surface à la recherche de liens, tout en se laissant entraîner dans un tourbillon frénétique d'inflexions picturales. Le tableau semble se refaire sous nos yeux tellement il évite les situations tranchées pour adhérer à la contingence inexorable de la vie. Tomb Raider 1997, un tableau dense et percutant, où les disques de couleur transpercent la peinture telles des paires d'yeux géantes dans un dessin animé, invite à explorer ses différentes zones par le charme quasi cartographique des liaisons rapides et des formes à demi superposées. Le caractère ludique signalé par le titre est d'autant plus pertinent que l'un des plaisirs du jeu réside dans l'occasion offerte d'exprimer tranquillement ses désirs, ses fantasmes
et ses peurs sans courir de risque direct: on n'en mourra pas.

Untitled (parliament) 1996 est une composition moins nettement

Philip Guston
Ancient Wall, 1976
Huile sur toile / Oil on canvas
203,2 × 237,8 cm / 80 × 93 5/8 in
Collection Hirshhorn Museum
& Sculpture Garden, Washington D.C.

structurée, où les disques flottent sur un océan houleux de brouillage optique qui fait songer à la mode des samplings musicaux à partir de vieux vinyles rayés et poussiéreux, dans les albums enregistrés à l'époque par DJ Shadow, Portishead, Massive Attack et d'autres. La recherche d'une authenticité à l'ancienne par le biais des parasitages acoustiques trouve un équivalent dans les brouillages optiques de Fiona Rae, qui nous ramènent à une époque où l'on ne connaissait pas encore la télévision en continu vingt-quatre heures sur vingt-quatre, ni la saturation médiatique. Le brouillage optique devient un souvenir nostalgique de l'ère prénumérique, masse fluctuante d'indécision prolongée à l'infini et impossible à régler. Dans ces œuvres, Fiona Rae met en pièces les règles du bon goût et les lois de la composition pour créer un univers personnel passablement déglingué, mais profondément compréhensible. Elle s'accorde le droit de se perdre et s'embrouiller dans son œuvre à un point presque intolérable. On ne perçoit guère de dérobade ou de désaveu puritain, et son esthétique changeante parvient à s'imposer en cultivant la liberté personnelle sans jamais laisser croire qu'elle est commode ou facile à obtenir.

Les peintures noires de la fin des années 1990 abandonnent le brouillage optique pour revenir aux fonds illimités sur lesquels flottent diverses sortes de traces et de motifs qui semblent pouvoir s'enlever. Ces œuvres, d'apparence plus stricte et austère, déterminent un espace

extrêmement morose qui évoque les cellules des prisons ou les laboratoires, des lieux où le corps humain peut être isolé et brisé. La fragilité et la force coexistent périlleusement. Coincées ensemble, elles se disputent la suprématie dans l'image. Ces tableaux ont souvent un aspect inquiétant avec leur profondeur réduite et leurs ombres portées, qui les apparente à une séquence de film noir où dominent les scènes nocturnes. Les motifs les plus biomorphes dans des œuvres comme Night Vision 1998 rappellent les chairs à vif dans les peintures de Francis Bacon et contrastent avec les aplats de couleur aux contours géométriques. Les fonds noirs de Fiona Rae engendrent un espace hermétique palpable où les éléments éminemment picturaux se réifient. Les effets sensuels des touches épaisses, qui laissent sur la toile des alliances imprévisibles de couleurs fondues suintantes, sont mis en valeur dans les tableaux à la façon des bijoux posés sur du velours noir, de sorte qu'ils effacent un instant l'impression de sombre pressentiment.

Fiona Rae propose une forme d'hybride biotechnologique dans ces œuvres, qu'elle fait ressembler à des écrans lumineux en évacuant les interdits sur l'illusion de profondeur, une question à laquelle la peinture abstraite s'est souvent heurtée. Une atmosphère contradictoire et cauchemardesque imprègne les tableaux, et des images mentales se détachent vigoureusement au beau milieu de la nuit, à l'heure où les frontières sont les plus floues, tandis que l'inconscient a toute latitude pour recomposer et occulter le sens. Quelque chose s'infiltre et se faufile insidieusement, laissant entrevoir une forme d'impressionnisme plus sombre. De vagues traînées de lumière ponctuent l'œuvre, suggérant une fuite ou une poursuite rapide, thème fréquent des cauchemars. Les traces de pinceau, tels le lapin surpris par les phares d'une voiture, semblent courir se cacher de l'autre côté des panneaux rectangulaires disséminés à la surface du tableau.

L'ambiance fantastique de ces œuvres tient en partie à leurs fonds monochromes qui évoquent le vide de l'espace intersidéral. Fiona Rae emploie une stratégie analogue à celle de la science-fiction pour peindre un espace irréel qui permet d'élaborer une nouvelle esthétique et d'étudier des rapports picturaux en échappant aux lois de la pesanteur.

Le langage habituel de la peinture abstraite redevient extraordinaire et prémonitoire en raison de son contexte fluctuant. La pureté historique et l'abstraction gestuelle y prennent une valeur narrative inattendue qui est à la fois structurée et rythmée par opposition aux pavés de couleur géométriques, dont les tonalités vont de l'éclat luxuriant à la douceur élégante. Ce sont là des tableaux qui s'efforcent activement de surmonter leurs limites et leurs insuffisances par une exploration des relations conflictuelles qui ne peuvent ou ne veulent pas se laisser cerner.

L'informatique a commencé à influer sur le travail de Fiona Rae vers la fin des années 1990, comme en témoigne l'utilisation de collages sans démarcation où des éléments très différents, tantôt plats et géométriques, tantôt d'un biomorphisme anarchique, se juxtaposent dans des formes hybrides. Certains aplats plus rigoureux sont retravaillés à l'ordinateur, ce qui donne un aspect différent, mais pas forcément plus prévisible, aux effets picturaux improvisés ou composés. Les tableaux de Fiona Rae commencent à se dépouiller encore un peu plus dans cette série, comme si elle avait en quelque sorte exorcisé ses démons picturaux pour en arriver à aimer la perfection lisse de l'image numérique. L'étouffement et les terreurs nocturnes cèdent la place aux fonds colorés pulpeux et à la limpidité des compositions aérées. L'espace évoqué dans les œuvres est tantôt aplati, tantôt sublimement profond, et la maîtrise des moyens picturaux se manifeste plus diversement. Les polices de caractères sont utilisées pour leur beauté en soi. Les caractères typographiques, dégagés de leur fonction exclusivement pratique de signification, deviennent des éléments plastiques, de même que les plages de couleurs vaporisées ou les paraphes calligraphiques, et contribuent à instaurer une atmosphère planante pour un état de conscience modifié.

Les polices de caractères et autres procédés utilisés par Fiona Rae donnent une indication du sens esthétique affirmé qu'exige notre culture médiatique. Dans ces conditions, les caractères typographiques sont souvent déformés jusqu'à devenir illisibles. Les modes changent vite, recyclent l'ancien et recourent à des alliances de couleurs toujours plus extravagantes dans les nouveaux tissus. L'internet emploie les graphismes de manière insolite dans une époque placée sous le signe des marques, où seule l'image compte, et où la technologie nous soumet à un matraquage visuel car nous sommes censés assimiler sans peine des quantités croissantes d'informations. Fiona Rae relève le défi, mais en adoptant une attitude plus calme qu'auparavant. Magic 2000 baigne dans une atmosphère de néon où les caractères typographiques deviennent tout à la fois des motifs et des procédés qui peuvent se relier aux tiges et lianes peintes à main levée. Tout se passe comme si les caractères typographiques assumaient le rôle joué naguère par les touches gestuelles, dont ils ont lissé les contours rugueux et canalisé les énergies. Les retouches et les faux départs restent aussi nombreux que dans les tableaux précédents, qui en tiraient un plus grand parti, mais ils sont à présent camouflés ou adaptés de manière à gommer les traces d'effort. Ils possèdent la perfectibilité du numérique, se renouvellent et, en quelque sorte, s'améliorent constamment à mesure que des frontières esthétiques s'ébranlent et que des révélations intimes interviennent plus franchement dans les œuvres.

L'évolution vers plus de clarté dans chaque ensemble d'œuvres semble relever, à maints égards, de la confiance en soi, de la volonté d'en dire moins et d'affirmer une plus grande autonomie. La maturité apporte avec elle une meilleure aptitude à prendre des décisions fondées sur l'expérience, et Fiona Rae s'appuie sur ce qu'elle a appris dans son travail antérieur pour recombiner ces acquis avec les sources d'influences de plus en plus diversifiées qui nourrissent son iconographie personnelle. L'expérience récente entre en ligne de compte dans des tableaux qui associent des traces, des souvenirs, des diversions fluorescentes dans un chatoiement ravissant, tandis que l'artiste continue à renverser les règles tacites du bon goût pictural en faisant une place à l'éphémère, au kitsch, au commercial, au frivole et au puéril. Elle transforme ces éléments pour sonder les états d'esprit et les modes de relation aléatoires.

Si l'on a autant de bonheur à revoir les œuvres de Fiona Rae depuis le début, cela tient en grande partie aux risques qu'elle a pris, sans avoir peur de réinventer ses méthodes de travail. Ses peintures procurent un plaisir esthétique parce qu'elles recèlent une véritable mine de

sensations visuelles et affectives, offrant un modèle de liberté plastique par la remise en cause inventive et par l'observation attentive des perceptions personnelles. Le spectateur se laisse happer dans les fictions et les rêves de ses œuvres, qui ont affronté la problématique de la prise en compte des sensations forcément éphémères, pour s'occuper du présent et de la fascination éternelle de l'avenir. Les tableaux de Fiona Rae valorisent une multitude d'influences, la foi dans l'aptitude de la peinture à apporter une contribution au langage visuel de la vie contemporaine, et une appréhension nuancée des composantes plastiques et inconscientes de l'œuvre d'art.

TRANSITIONS: THE WORK OF FIONA RAE

Simon Wallis

Fiona Rae has, over the last fifteen years, been one of Britain's most energetic and engaging exponents of painting. Her work demonstrates a rare willingness to take risks and uses a restless, acquisitive aesthetic that is not only deeply immersed in the history of painting, but also illustration, graphic design, fashion, music, films and comics, to name a few of Rae's eclectic influences. Each body of work explores fully the possibilities of creating and combining imagery in response to the surrounding cultural environment and the emotional and intellectual issues of inner life. It's an art sensitive to contemporary visual phenomena and our often contradictory desires and concerns.

Rae revels in the colour, texture and malleability of paint and her pictures both surprise and stimulate by avoiding the constraints of habit. She has developed a catalogue of bravura brush strokes, drips, daubs, sumptuous grounds and calligraphic marks to explore relationships and spaces into which we might mentally project ourselves. However, for all their emotive psychological energy, Rae's paintings can also be coolly calculated in their underlying decentred construction, allowing fruitful

dialogues between structure and disciplined improvisation. Temperamentally unsuited to taking the easy option, she offers a deeply personal experience of contemporary culture through intelligently questioning the possibilities of painting without unnecessary suspicion.

There is an inquisitive energy and freshness to Rae's early paintings, influenced by artists such as Picasso, Dubuffet, Jean-Michel Basquiat, Cy Twombly, Jackson Pollock and Robert Motherwell, among others. It exploits a cut and paste collage sensibility, developed near the beginning of the last century within Cubist painting. Cubism embodied a radically new way of viewing the world and helped break down references and signifiers, allowing the language of painting to become increasingly porous and dialogical. Cubist works made use of faux wood grain wallpaper, newspaper typography, adverts and corporate brands so that the daily world could infringe upon many of the previously grandiose and insular ambitions of fine art. These strategies both disrupted painterly composition and stitched it together in representing the new temporal flux of life and its complexities of personal perception: a project that Rae's work has, in many ways, continued.

At this point in her career she makes use of an organic, insular form of abstraction, shifting between a highly controlled sense of organisation and a childlike exuberance comprising daubs, smears, scribbles, drips, blurs, meandering lines – and even the trace of finger painting in Untitled (yellow) 1990. This particular painting has a collection of disparate elements that gravitate from the top left hand corner, as if tentatively encroaching upon the picture. The tendrils protruding from a pink stump-like form create a narrative and anthropomorphic quality, side-stepping any hint of frosty formalism. The work from this period is playfully gestural, but nevertheless sets about the serious task of learning the vocabulary and boundaries of a personal and coherent visual language. In so doing, coagulations of various forms and marks nestle together, opening out onto expanses of flat grounds that provide some valuable breathing space for otherwise intense painterly exchanges.

Rae moves on in Untitled (pale green) 1990 – a bolder all-over composition – to use marks reminiscent of work by Philip Guston and

Untitled (pink and blue), 1990
Huile sur toile / Oil on canvas
213,4 × 182,8 cm / 84 × 72 in
Collection particulière /
Private Collection, Switzerland

Julian Schnabel, both of whom fused abstraction and figuration to remix traditions and genres. Untitled (pink and blue) 1990 presents a painterly world of improvised and planned forms fighting it out, while Untitled (yellow and black) 1991 jams up geometric blocks of colour against organic blobs and roughly coloured-in patches. Rae demonstrates an obvious affinity with paint, which she handles in a luxuriant, teasing manner, using lassoing lines and controlled effects made with a loaded paintbrush, which has come to be one of the most consistently pleasurable elements in her work.

Apart from the convenient formal description of dominant colours, the early works remain untitled. Perhaps this was to help keep things open and stall a headlong rush towards meaning. After all, these paintings were produced during a period when theory held a hypnotic grip over the work of many young artists, some of whom studied with Rae at Goldsmiths College in London. She has spoken of this time as being one where she had to 'fight for the right to make a painting' in a climate that was largely hostile to the practice unless carried out in a highly ironised or intellectually cool manner. Consequently, the refreshing open-endedness of this body of work contains a somewhat evasive attitude regarding its own identity and status, neatly sidestepping intellectual and formal purity and their attendant certainties. The paintings have an edgy, complex intimacy as discrete identities and connective relationships phase in and out of the picture.

The black and white paintings from the mid 1990s are composed claustrophobically and cluttered with discs of flat colour punctuating a seething visual static of black and white daubs and smears. They deftly overturn all the legendary 'old school' prohibitions in painting, by using black paint and myriad painting effects, which could almost be taken from an exhaustive catalogue of home decoration tips. These are frantic works bursting with a violent energy that assaults the eyes. The visual intensity of works such as Untitled (emergency room) 1996 with its panicked, packed, airless qualities, offers little space for manoeuvre and no point of direct entry. Nothing appears settled or relied upon: there is nowhere for the eye to rest and the viewer is forced into a channel-surfing mentality that flits over the surface trying to make connections while being seduced simultaneously by the near manic level of painterly activity. It's as though we are watching the painting remake itself before our eyes through its avoidance of definitive resolution and embrace of life's inexorable contingency. Tomb Raider 1997, a tight punchy painting, with coloured discs piercing out of the painting like giant pairs of cartoon eyes, encourages an exploration of its different sections via a map-like fascination for speedy linkage and overlapping forms. The gaming quality evoked in the title is apt because one of the pleasures of play is the safe venting of one's desires, fantasies and fears with little immediate consequence: we always live to fight another day.

Untitled (parliament) 1996 is less formally structured with its discs floating over a choppy sea of visual static, reminiscent of the music sampling fad for scratched, dust covered vinyl records found in many tracks from the mid 1990s by acts such as DJ Shadow, Portishead and

Massive Attack. This capturing of old-style authenticity through an aural reference is paralleled by Rae's static, which evokes a time before 24-hour TV and total media saturation. Static becomes a form of nostalgia for the pre-digital age: a mutable shifting mass of after-hours indecision that can't be tuned in. In these works, Rae breaks down all rules of good taste and composition to create her own world that is somehow disturbingly out of kilter but also deeply understandable. She gives herself permission to be confused and lost to a near intolerable degree within her work. There is little sign of avoidance or puritanical denial and her protean aesthetic succeeds by revelling in personal freedom while never letting it appear glib or easily won.

The black paintings from the late 1990s abandon the visual static and return once again to the use of open grounds with a range of marks and motifs deployed as if free-floating and potentially movable. These works have a harsher, regimented appearance in defining an intensely bleak space that evokes prison cells or laboratories, where the body may be isolated or broken down. Here, fragility and strength coexist uneasily; locked in together, they wrestle for pictorial dominance. The paintings are often unsettlingly sinister and make use of shallow space and drop shadows, akin to an animated film noir sequence with a strong sense of nocturnal narrative action. Many of the more organic passages of the paintings, such as those in Night Vision 1998, recall the visceral elements in Francis Bacon's work, and are played off against geometric areas of flat colour. Rae's black ground objectifies the marks she makes and creates a palpable airtight space. The sensual qualities of her loaded brushmarks – which are unpredictable in the final combination of oozing, molten colours they'll leave behind on the canvas – are starkly highlighted within the painting like jewels on black velvet, so that they temporarily lift the sense of foreboding.

Rae proposes a form of organic-techno hybrid in these works, making them look screen-like and illuminated by removing the prohibitions surrounding the use of illusional depth – an issue with which abstract painting has often struggled. The paintings have a conflicted, nightmarish atmosphere where mental images stand out vividly in the middle of the

Willem de Kooning
Untitled, 1948–1949
Huile et email sur papier monté sur carton /
Oil and enamel on paper mounted on composition board
94,8 × 127 cm / 37 × 50 in
The Art Institute of Chicago
Mary & Earle Ludgin Collection

night – the time when our boundaries are most fluid and the unconscious has free reign to both recombine and obscure meaning. They contain something that creeps and slithers insidiously, offering up a darker form of expressionism to be partially acknowledged. Smeared traces of light punctuate the work, implying a speedy escape or chase, a common narrative form for nightmares. The brushmarks look as though they have been caught like a rabbit in car headlights and are moving off for cover over the rectangular panels she has scattered on the picture plane.

The sci-fi feel of these works derives partly from the monochromatic grounds that evoke the void of outer space. Using a similar strategy to that of science fiction, Rae proposes a fantasist's space in her work that can enable a new aesthetic to develop and painterly relationships to be tested free from gravity-bound rules. The familiar language of abstract painting becomes again extraordinary and prescient because of this free-flowing context. It allows the art historical purity of gestural abstraction to take on an unexpected narrative verve that is both structured and paced against geometric slabs of colour, ranging from lush to tastefully muted. These are paintings searching energetically for ways to overcome their own limitations and boundaries through an exploration of conflicted relationships that can't, or won't, be pinned down.

The use of a computer began to influence Rae's work around the late 1990s and can be seen in her employment of seamless collage, juxtaposing very different elements – some flat and geometric, some still organically chaotic – into a hybridised situation. The look of some harder-edged pictorial elements is worked through via the computer, which gives a different, but not necessarily more predictable character to painterly improvisation and composition. Rae's paintings begin to clear themselves out further in this series, as if she has in some way exorcised her painterly demons and come to love the seamlessness of the digital image. Claustrophobia and night terrors give way to luscious coloured grounds, clarity and openness. The space her work describes is sometimes shallow, at other times sublimely deep, and there is now a greater range of control in the work. The fonts are used as beautiful forms in themselves; broken free of their exclusively practical task of signifying, they become formal elements – along with airbrushed smoke screens and calligraphic flourishes – that help create a magical atmosphere of wistful altered consciousness.

The fonts and devices Rae uses are indicative of the energetic sense of design our highly mediated culture demands. Consequently, fonts are often radically altered to near illegibility; fashions change swiftly by recycling the past and looking to ever-wilder colour combinations in new fabrics; the internet uses graphics in unexpected ways in an era of branding where image is all, and technology mounts endless visual assaults as we are expected to become adept at assimilating greater amounts of information. Rae takes up the challenge, but with a less frenetic attitude than that displayed in her earlier work. Magic 2000 has a neon sensibility where fonts become both motifs and devices that can interconnect with her freehand tendril-like gestures. It's as if the fonts assimilate the role of her earlier gestural brushmarks, smoothing off their rough edges and corralling their energy. These paintings contain as many revisions and false starts as her earlier pieces, which made a greater virtue of them, but now they are seamlessly disguised or adapted to present an effortless effect. They have the digital attribute of perfectibility about them, somehow always new and improving as aesthetic boundaries are challenged and intimate revelations are brought to bear on the work with less inhibition.

The push towards clarity in each body of work seems in some ways to be a question of confidence – allowing oneself to say less and become more self-contained. Maturity brings with it greater powers of decision-making based on experience, and Rae builds on what she has learned from her earlier work to recombine it with ever-widening influences that develop into a personal iconography. Her new experience is accounted for in paintings that comprise traces, mementoes, fluorescent distractions and glitter to beguiling effect as she continues to turn the unwritten rules of painterly good taste on their head by allowing in the ephemeral, the kitsch, the commercial, the frivolous and the childlike. She transforms these elements to explore contingent states of mind and rules of engagement.

Looking back over Rae's paintings is a rewarding experience largely because she is an artist who has risked a great deal and not been afraid to reinvent her way of working. Her works are aesthetically gratifying because they embody rich seams of visual and emotional experience, offering up a paradigm of visual freedom through inventive questioning and acute self-awareness. The viewer is sucked into the fictions and fantasies of her paintings, which have wrestled with the problematics of accounting for necessarily ephemeral experience to engage with the present and our abiding fascination with the future. Her work encourages myriad influences and a faith in painting's ability to contribute to the visual language of contemporary life and an adaptive understanding of the formal and unconscious forces in a work of art.

ENTRETIEN
avec Simon Wallis

Simon Wallis: On dirait qu'il y a un lien entre vos peintures du début et vos œuvres actuelles. Pouvez-vous m'en parler?

Fiona Rae: Pendant un certain temps, j'ai plus ou moins abandonné les graphismes figuratifs et les images fragmentées et maintenant, j'ai commencé à les réintroduire. C'est pour cette raison que j'ai choisi un ensemble de peintures des années 1990–1991 comme point de départ de l'exposition.

SW: Et pourquoi les aviez-vous abandonnés?

FR: Sans doute parce qu'il y a des moments où l'on décide de suivre tel ou tel axe de recherche, et cette iconographie «impure» ne cadrait pas avec mon projet. Je me suis vraiment attachée à travailler sur un espace plus abstrait pendant toute une période. Dans le travail, on monte un escalier en spirale. On peut se baisser en chemin pour ramasser une chose du passé et la transporter un peu plus loin. Cette image est plus proche de la réalité que n'importe quelle espèce de progression linéaire où l'on irait toujours droit devant soi.

SW: C'est sans doute l'idée de mettre ses expériences dans la peinture. Rien ne se perd.

FR: Oui, je me suis aperçue que je m'étais approprié tout un vocabulaire, d'une certaine façon. Je peux revenir dessus n'importe quand.

SW: L'appropriation était dans l'air du temps quand vous étiez étudiante. La récupération de langages plus anciens a pris une grande importance dans votre travail à l'époque. Vous avez une explication?

FR: Je regardais toutes sortes de langages différents, des vocabulaires picturaux, mais aussi des modes de création d'images. Au lieu de les citer simplement, je les réinventais pour me les approprier. Les choses passaient toujours par moi. Il ne s'agissait pas de faire gentiment du «Goldsmiths», avec une version postmoderne des œuvres de quelqu'un d'autre. C'était une attitude à l'égard de choses apparemment mortes et enterrées depuis longtemps. Je pouvais récupérer une idée et la booster, si l'on veut, de manière à réaliser un tableau.

SW: Quoi, par exemple?

FR: D'abord le droit de peindre des tableaux. C'était très démodé à l'époque, ce genre de peinture expressive au sens gestuel. Tout ce qui était autorisé, entre guillemets, c'était le geste minimaliste ou alors, le geste très postmoderne, mais pas le geste gestuel, si l'on peut dire.

SW: Parce qu'on se méfiait de ce qui pouvait ressembler à du romantisme ou de l'humanisme, vous croyez?

FR: Oui, il fallait que tout soit politique. Les gens me disaient que je ne devais pas faire ceci ou cela, que la peinture était finie, éliminée, que c'était un combat perdu depuis les années 1970. On a du mal à y croire aujourd'hui.

SW: C'est un peu le contraire de ce qu'on attend de l'art. Une conception de la liberté, peut-être?

FR: Je me disais qu'il fallait rester vigilante, remettre les choses en question, pour justifier mon désir de peindre.

SW: De fait, on sent une grande inquiétude dans vos œuvres.

FR: Je pensais que ma peinture devait traduire mes angoisses sur la démarche à adopter. Le résultat devait avoir un rapport avec cette ambivalence. Mes œuvres reflètent mon état d'esprit, souvent inquiet.

SW: Un des aspects intéressants de vos tableaux, c'est qu'on n'est pas sûr qu'ils soient achevés. L'idée qu'il y a encore d'autres possibilités me séduit beaucoup.

FR: J'hésite toujours à prendre une décision définitive, et même si les tableaux sont incontestablement achevés, j'aime assez l'idée que tout peut encore basculer d'un instant à l'autre. C'est une clause de rétractation.

SW: Exactement. Il n'y a pas de réponse évidente, ni de fin de l'histoire. Les choses restent en suspens. Tout de même, vous semblez procéder par séries. C'est voulu?

FR: Non. Cela se fait tout seul, encore que certaines œuvres me semblent beaucoup plus vagues et mouvantes que cette notion de série. Quand on introduit une idée ou un élément nouveau, les peintures changent d'aspect et prennent un autre sens pendant un moment.

SW: Les toiles du début n'ont pas de titre, comme si vous vouliez empêcher de les déchiffrer trop facilement. Ensuite, la grille de lecture devient plus tangible et les titres commencent à renvoyer directement aux choses.

FR: Ils sont évocateurs, n'est-ce pas? J'ai pensé qu'il était temps de dévoiler en partie mes intentions, et finalement c'était bien plus passionnant de cette façon. Le titre est un élément plastique supplémentaire que je peux ajouter dans la peinture, mais je ne veux pas qu'il écrase le reste.

SW: Les œuvres du début ont une certaine violence visuelle.

FR: Quand je les regarde maintenant, elles me paraissent agressives, effectivement. J'imaginais toujours que les différents éléments picturaux se bagarraient dans le tableau, sans qu'aucun ne parvienne à prendre le dessus. Je crois que c'est encore un peu vrai, mais la bataille est plus subtile à présent, plus feutrée.

SW: Les tableaux noir et blanc, avec leur effet de brouillage optique, semblent recréer une sorte d'angoisse chez le spectateur.

FR: C'était bien mon intention. Je voulais qu'ils soient très dérangeants, sans aucun fond clairement défini, sans rien à quoi on puisse se raccrocher. J'habitais dans un appartement à plusieurs dizaines de mètres au-dessus de Londres, un peu comme un vaisseau spatial. Je n'avais plus aucun contact avec la réalité concrète rassurante, les trottoirs, les arbres ou les rues. C'était très contemporain comme mode d'existence et je voulais le refléter dans mon travail.

SW: Ce brouillage optique, on a envie de le régler.

FR: Je sais, c'est très énervant! On a envie de le remettre au point, mais il n'y a rien à faire. Pourtant, on ne désespère pas d'y arriver, sinon, on ne le supporterait plus. C'est peut-être réconfortant d'extérioriser son angoisse de temps en temps, après tout. Dans Terminator 2, j'ai bien aimé la façon dont Terminator se fond dans le décor par moments, en revêtant les attributs de ce qu'il a à côté de lui. C'est l'une des idées qu'on retrouve dans les tableaux noir et blanc, où les motifs semblent se transformer et se déplacer continuellement à la surface de la toile.

SW: Le public sent très bien quand un artiste s'ennuie ou se moque du monde. Or, vous avez toujours su éviter de sombrer dans la répétition facile, contrairement à certains artistes de votre génération.

FR: J'ai trop peur de devenir ennuyeuse ou prévisible. Peut-être que cela m'arrive quand même, mais c'est un bon moteur. Ce que je redoute surtout, bien plus que le public, c'est le danger de la routine, pour moi-même. Je ne veux pas arriver à l'atelier pour me mettre à refaire ce que je connais déjà, même si c'est souvent inévitable, bien sûr. Il n'est pas possible de se renouveler tout le temps, mais c'est important d'essayer. À défaut d'une transformation totale, je peux chercher quelque chose d'un peu différent.

SW: On a dit que votre travail était distancié. Or, ce n'est pas la première idée qui vient en voyant vos peintures, il me semble.

FR: La distance est une stratégie utile, mais en même temps, je suis très sincère dans mon travail, même s'il n'y a pas longtemps que je m'en suis aperçue. Quand je regarde mes œuvres plus anciennes, je vois dans quel état d'esprit j'étais à l'époque. Je me débrouille pour associer les sentiments à une démarche froidement analytique, pour pouvoir maîtriser la situation sans finir dans un cafouillage complet.

SW: Donc, cela ne vous gêne pas d'être expressionniste par certains côtés?

FR: À présent, non, mais j'ai lutté contre cette tendance autrefois. J'ai changé. Le climat a changé aussi. Ce n'est plus du tout comme avant. Il n'est plus interdit d'être personnel.

SW: Je me demande s'il y a un rapport avec l'influence de la technologie. C'est la plus grande révolution intervenue dans la culture visuelle ces derniers temps, la démocratisation des moyens d'accès à la créativité. Les gens sont moins intimidés par la chose plastique à force de surfer sur le web et de voir les règles de la typographie constamment chamboulées.

FR: Ils ont beaucoup moins besoin d'avoir un début, un milieu et une fin. Le traitement des informations visuelles n'a plus de secret pour eux.

SW: Je sais que vous utilisez l'informatique dans votre travail. Depuis quand?

FR: J'ai eu un Mac au moment où je travaillais sur les peintures noires, mais tout ce que je savais faire, c'était scanner des documents et les imprimer, comme sur une photocopieuse. Puis, j'ai commencé à me servir vraiment de l'ordinateur pour les tableaux où j'ai peint des polices de caractères. Mais il ne m'aide que jusqu'à un certain point. Par exemple, dans le grand triptyque que je vais exposer à Nîmes, j'ai prévu l'emplacement et la taille des signes typographiques à l'aide du logiciel

Photoshop. Quand j'ai voulu déterminer aussi les couleurs, cela n'a pas marché. J'ai dû les modifier plusieurs fois sur la toile. Ce qui paraît réussi sur l'écran de l'ordinateur, ou même sur la sortie imprimante, ne l'est pas forcément une fois transposé sur une toile de dix mètres.

Je n'utilise pas l'ordinateur pour les graphismes ou autres motifs picturaux. L'aspect d'un dessin à l'écran n'a rien à voir avec sa réalité matérielle sur la toile. Ce sont encore deux choses très distinctes pour moi. L'ordinateur est utile dans la mesure où il permet de visualiser des éléments auxquels je n'aurais pas pensé, par exemple les ombres et les reflets lumineux.

SW: L'accélération du temps dans la vie culturelle est une chose qui passe très bien dans vos tableaux, cette dimension temporelle totalement transformée par la technologie et la culture du sampling.

FR: Il ne faut pas refuser l'effet de mode ou l'usage actuel qui risque de disparaître. Je pense qu'on ne peut pas y échapper, de toute façon. Autant apprécier ce qui nous entoure et s'y montrer sensible. D'autres choses dans les tableaux survivront à ces allusions immédiates, vous ne croyez pas?

SW: Si. Mais je me demande ce que cache ce souci de durer.

FR: Ad vitam æternam ... C'est bizarre, non? Tout doit avoir l'air d'être de son temps. Sinon, gare aux ennuis!

SW: Est-ce que vous voyez d'autres phénomènes nouveaux qui commencent à avoir des répercussions sur vos œuvres?

FR: Toutes sortes de choses. Le générique, au début des films récents, la façon d'inventer des échappées sur le cosmos, cela a dû m'influencer. Les effets visuels de Photoshop... L'autre jour, je regardais une photographie spatiale du ciel nocturne que Dan (Perfect) m'a trouvée sur internet. Cette répartition incroyablement aléatoire des étoiles et des planètes, on ne pourrait pas l'inventer. J'ai tout un bric-à-brac à l'atelier. Peu importe qu'une chose me plaise vraiment ou non, du moment qu'elle peut être utile. J'ai des affiches chinoises épinglées au mur. Je crois que ce sont des décorations pour le Nouvel An. Elles sont atrocement kitsch, avec des rubans et tout. J'ai regardé aussi Dürer et Bosch. C'est étonnant, ce qu'ils peuvent avoir l'air contemporains à côté d'autres choses qui traînent dans l'atelier, comme une couverture de bande dessinée des X-Men, une publicité pour Monsters Inc. À moins que ce ne soit l'inverse: ils nous révèlent que la plupart des nouveautés autour de nous datent de plusieurs centaines d'années ...

SW: Quelle est la part d'improvisation dans votre travail?

FR: Elle reste importante, sans aucun doute. Avant, j'improvisais tout, mais qu'est-ce que cela veut dire, en fait? On part toujours de quelque chose qu'on connaît déjà, n'est-ce pas?

SW: Improviser, c'est utiliser des schémas tout prêts en leur donnant une inflexion personnelle. Je crois qu'il faut avoir les composants fondamentaux d'un langage parce qu'une improvisation doit être lisible pour avoir un sens.

FR: Sinon, elle ne rime à rien. Hormis l'étape préparatoire sur l'ordinateur, tout le reste est improvisé, la couleur du fond et des signes typographiques, la composition. À vrai dire, c'est un peu un cauchemar, quelquefois.

SW: Mais vous semblez faire très peu de retouches dans vos œuvres récentes.

FR: Pourtant, il y en a des tonnes.

SW: On n'a pas cette impression en les voyant.

FR: Tout a été effacé et repeint des millions de fois. Je suis extrêmement douée pour brouiller les pistes ou pour faire comme si rien n'était calculé.

SW: C'est ce que j'ai voulu dire en écrivant que les tableaux commençaient à se dépouiller. Les strates de travail successives semblent plus nettement perceptibles dans les œuvres antérieures.

FR: Je brouillais beaucoup moins les pistes, c'est certain. L'accident ou le ratage devait rester sur la toile. Maintenant, je crois que je préfère le transmuer en autre chose.

SW: Vous avez aussi un espace qui incite moins à y laisser des traces de ratages.

FR: Ce serait une trop grande rupture.

SW: Comment voyez-vous la place de la peinture par rapport à tous les changements technologiques survenus au cours des dix dernières années? Ont-ils modifié vos raisons de peindre?

FR: Je crois que la peinture aura toujours quelque chose à apporter que ni le cinéma, ni l'ordinateur, ni l'affiche dans la rue ne pourront nous donner. Je ne sais pas très bien comment le définir. C'est peut-être un retour à la touche personnelle, avec ses réussites et ses échecs. La peinture possède une sorte de magie romantique, et je n'aurais cru pouvoir dire cela un jour!

SW: Elle est sans doute romantique par nature, du fait des surfaces et des couleurs, qui sont l'essence même de la peinture.

FR: L'œil palpe les surfaces, les variations de matière. C'est un article de luxe.

SW: Oui, je crois qu'il y a un rapport avec la fascination de l'instant unique.

FR: La peinture est une de ces choses qui restent du côté de l'objet original, témoin de la créativité d'une personne. C'est devenu rare de nos jours. Par conséquent, elle a toujours sa place et son charme, surtout depuis la prolifération des possibilités offertes par la technologie.

SW: Vos œuvres semblent avoir une relation, voulue ou non, avec l'expressionnisme abstrait et ses composantes gestuelles, tout en marquant un glissement vers le pop'art. Vous alliez les deux langages picturaux de manière personnelle. Ils représentent deux mentalités, l'une romantique-gestuelle, l'autre totalement ancrée dans les contingences commerciales de la vie quotidienne. Je crois que vous avez réalisé une synthèse intéressante de ces deux courants dans votre peinture.

FR: Quand on ne part pas d'une expérience vécue mais de choses apprises à l'école, ce n'est pas très étonnant d'arriver à ce résultat. Je n'ai pas connu directement l'expressionnisme abstrait, pas plus que le pop'art. Je n'ai même pas eu à me ranger dans un camp ou dans l'autre, ni à m'impliquer dans l'aventure. Alors, finalement, en plus de leurs qualités artistiques appréciables en soi, ce sont des langages auxquels on peut faire des emprunts ou des ajouts, respectueusement ou non.

SW: La peinture comme langage est une métaphore intéressante. La façon dont elle s'élabore et évolue, ses résonances symboliques, ce que l'on peut lui ajouter sans cesse. C'est une chose que vos tableaux semblent mettre au premier plan, mais sans rien de didactique.

FR: Je l'espère.

SW: Quelle est votre réaction en revoyant vos œuvres plus anciennes?

FR: La surprise. J'aime beaucoup leur énergie, mais il y a une autre sorte d'énergie à présent.

INTERVIEW

with Simon Wallis

Simon Wallis: There seems to be a connection between your earlier paintings and the work you're making now. Could you talk about that process?

Fiona Rae: I abandoned a lot of the more figurative drawing and fragmented imagery for a while, but it's something I've started to include again. That's why I've selected this particular group of paintings from 1990/1991 to start the exhibition.

SW: Why did that imagery get abandoned?

FR: I suppose at times you decide to pursue certain lines of enquiry, and that kind of impure imagery didn't fit in. I really became concerned with a more abstract space for a while. But working is like travelling along a spiral, as you're passing by you can lean down and pick something up from the past and then carry on round. I think it's more like that than any form of linear progression that only looks straight ahead.

SW: I guess it's an idea of experience being embodied in painting – that nothing is ever lost.

FR: Yes, I've realised I have this vocabulary that I've appropriated and made my own in some way and that I can go and revisit it at any time.

SW: The notion of appropriation was very much the zeitgeist when you were studying. Appropriating previous languages really comes to the fore during that period, why do you think that is?

FR: Well, although I looked at all kinds of different languages – painting languages and ways of making images – I didn't simply quote them, I reinvented them in some way and made them my own. Things always passed through my hands; it wasn't just a kind of cool Goldsmiths, postmodern representation of someone else's work. It was a way of proceeding when it felt like things were dead, buried and long gone. It allowed me to pick something back up and somehow jump-start it, making it possible for me to make a painting.

SW: What sort of things were you picking back up?

FR: I guess the right to make a painting. It felt very unfashionable back then to make a painting that was expressive in a gestural way. I think what you were allowed to do, in inverted commas, was make minimalist gestures or very postmodern gestures, but you weren't allowed to make the gestural gestures, so to speak.

SW: Do you think that's a distrust of something possibly romantic and humanistic?

FR: I think so, because things really had to feel quite political. People would tell me that I was not allowed to do this or that, that painting was over and the battles against it had been fought and won back in the seventies. It seems quite amazing now, doesn't it?

SW: There's something against the grain of what one might hope from the practice of art – a notion of freedom maybe?

FR: I felt I had to be very questioning and self-aware, in order to justify my desire to paint.

SW: There does seem to be a great deal of anxiety in the work.

FR: I thought the way that I would be able to make a painting would be if it embodied my anxiety about how to make it – if the result itself was something to do with that ambivalence. My paintings reflect my own state of mind, which is often one of uneasiness.

SW: One of the interesting things about the paintings is that they look somewhat uncertain as to whether they are finished, and that's part of the thing that pulls me in, the idea that there could still be possibilities.

FR: I'm always reluctant to make a final decision on anything, and although the paintings are definitely finished I really like the idea that it could all shift again in the next moment. It's a get-out clause.

SW: Exactly, there isn't an easy answer, or narrative closure, things are open-ended. Yet for all that, you seem to be working in series. I don't know whether that's a conscious thing?

FR: It's not conscious, it just somehow ends up that way, although I think some of the paintings are much more blurred and open-ended than that. When you introduce a new element or idea to the work, it changes the look or shifts the meaning for a while.

SW: All the early works you've left as untitled, as if you didn't want their meaning deciphered too easily. But in the later works, the narrative becomes palpable and the titles begin to refer to things directly.

FR: They suggest something don't they? I thought it was time to come clean about what some of my intentions were and in the end that was a more fun and exciting way of doing it. The title is another mark I can add to the painting, but I don't intend it to override everything else.

SW: There's a violent visual quality to your early work.

FR: Yes, they do look aggressive when I look at them now – I used to think the various paint marks were fighting it out within the painting, but with nobody quite managing to dominate. In a way I still think that happens but it's a more subtle, refined struggle now.

SW: In particular, the black and white series, the ones that have visual static, seem to recreate a sense of anxiety within the viewer.

FR: That was my intention, I wanted them to be very unsettling, no clear or solid ground, nothing to rely on. I was living in a flat hundreds of feet above London, a bit like living in a space ship. There was no sense of the real to comfort and reassure, no pavements, roads or trees. It seemed a truly contemporary experience and I wanted the paintings I was making to reflect something of that.

SW: Static is always something you want to tune in, isn't it?

FR: I know, it's unbearable! You want it to resolve into something, yet it doesn't, although the hope that it will keeps you tolerating it. Maybe it's quite reassuring to act out your own anxiety again and again, maybe there's something in that?

I also liked the second Terminator movie where the Terminator melts in and out of the background by taking on the attributes of whatever he's next to. That was one of the ideas with the black and white paintings, that the black and white paint keeps reconfiguring into other marks and slips around the painting.

SW: People are very sensitive to when an artist is bored or short-changing us, and over the years you have always deftly avoided doing the easy repetitive thing that some artists of your generation have been plagued with.

FR: I guess one of my terrors is boring people, or being predictable. I mean maybe I do anyway, but it's a driving force. But more than my fear of the audience is my fear of myself, of not wanting to be bored. I don't want to come to the studio and do what I already know how to do, although of course I have to, it's inevitable. I can't keep re-inventing myself, but I think it's important to try, so that even though it's not a total make-over, something a bit different happens.

SW: People have said of your work that it has a coolness – but overall I feel a sense of coolness is not what first comes to mind with your paintings.

FR: Yes, the coolness is a useful strategy but at the same time they're completely heartfelt, although that's quite a recent realisation for me. Whenever I look at older paintings, I see my state of mind at the time made visible. Somehow I manage to combine this with a cool analytical approach, in order to marshal things and not end up with a complete mess.

SW: So the idea of being, in some ways, an expressionist doesn't embarrass you?

FR: Not now, but I may have fought against that some years ago – I've changed and so has the climate. Things are really different now, it seems that the personal is OK again.

SW: I wonder how much that is to do with the influence of technology? In our time it's the most radical thing that's happened within visual culture – the democratising of how people engage with creativity. People are much less afraid of the visual through surfing the web and the rules of design being constantly turned on their head.

FR: People don't need a beginning, middle and end so much, they're very sophisticated now in the way they process visual information.

SW: In relation to your own work, I know you use the computer in the process of making a painting, when did that start?

FR: I got a Mac half way through making my black paintings, but all I could do was scan things in and print them out, like a photocopier. It was when I started making the paintings with fonts in them that I began to use a computer properly. Even so, it's useful only up to a certain point. For example, with the large triptych I'm making for the Nîmes exhibition, I planned the placing and sizes of the letters, signs and symbols in Photoshop, and I tried to plan the colours for them, but in the end it just didn't work out. I had to change it all several times afterwards on the actual canvas. Something that looks good on a computer screen, or even on the printout, doesn't necessarily look good once it's ten metres long.

I don't use the computer to work out the drawing or other marks;

somehow the way a bit of drawing may look on the screen has nothing to do with its physicality on the canvas, it still seems very divorced to me.

Computers are useful in the way they make things visible that I wouldn't have thought of otherwise, like shadows and flares on things.

SW: The acceleration of time in cultural life is something that your paintings seem to be very connected to – the temporal qualities that have changed through the use of technology and a continued sampling culture.

FR: A fashionability and a contemporary currency that might fade isn't something to hide from ... I think it's inevitable anyway. You may as well enjoy what's around you now and respond to it, and I think that other things in the painting will outlast the immediate references, wouldn't you say?

SW: Absolutely, I mean I wonder what that concern for longevity is really about?

FR: For ever and ever amen, it's bizarre isn't it? Everything looks of its time if it's lucky; if it doesn't look of its time then you've got a problem.

SW: What other things begin to filter through and have a visual impact on your work?

FR: All kinds of things. The beginnings of movies nowadays, the way the titles invent a glimpse of deep space, something like that must have had an effect on me. The ways things look in Photoshop ... I was looking at an astronomy photograph of the night sky which Dan (Perfect) found for me on the Internet. There's an amazing randomness to the ways the stars and planets are scattered, which you couldn't invent. I've got some complete tat in the studio – it doesn't matter whether or not I actually like something, it could still be useful. I've got some Chinese posters, I think they're New Year's posters, pinned up on the wall – they're super lurid and kitsch looking, with ribbons and stuff. I've been looking at Dürer and Bosch – it's a surprise how contemporary they look next to other things lying around in the studio, like a cover of an X-Men comic or a poster for Monsters Inc. Or maybe it's the other way round and they show how most things around us aren't really that new, but go back hundreds of years ...

SW: What about the notion of improvisation in your work?

FR: Well that's definitely still there. I used to improvise everything but then what is improvisation? It's always based on some kind of prior knowledge isn't it?

SW: It's using readymade structures but giving them your own spin. I think you've got to have the building blocks of a language because any meaningful improvisation has still got to be legible.

FR: Yes, otherwise it's nonsense. Apart from planning the initial stage on the computer – the colour of the ground and fonts, and their composition, the rest is totally improvised, which can be a bit of a nightmare quite frankly.

SW: But there seems to be so little overpainting in the recent work.

FR: Oh, there's loads.

SW: It doesn't appear that way.

FR: Everything's been on and off a million times, I'm extremely good at covering my tracks or making it look like it's intentional.

SW: That's what I was hinting at when I said the paintings seemed to kind of clear themselves out, the layers of work within the paintings seemed to be much more visible in the earlier works.

FR: Yes, I left my tracks much more uncovered, that's definitely true. The accident or failure was something to be left on the canvas, whereas now I guess I'd transmute it into something else.

SW: Well now you've got a space that would be much less conducive for a failure to be left and not transformed.

FR: Yes, it would look like a rupture.

SW: What do you feel about the place of painting in relation to all the technological changes that have occurred in the last ten years, has it changed what you might produce a painting for?

FR: I think that there's always going to be something that a painting can do, that a movie can't do, that a computer can't do, that the poster in the street can't do. I'm not quite sure how to characterise it, maybe it comes back to the personal or individual touch or moment, its success or failure. Painting is a romantic, magical thing although I never thought I'd say that!

SW: It probably is romantic in essence, something to do with surface and colour, as that's intrinsically what painting is.

FR: Your eyes feel the surface, the changes in texture, it's a luxury item.

SW: Yes, I think it's to do with people being fascinated by unique moments.

FR: Painting is one of those things which is still about the original artefact in some way, the evidence of someone's creative moment, which is rare now. So it still has a place and a fascination, especially since the proliferation of technological possibilities.

SW: There seems to be a relation in your work, intentional or not, with Abstract Expressionism and all the gestural components that were part of that, and a shift towards Pop Art. You seem to have combined those two painterly languages in a personal way. They represent two mindsets, one gestural and romantic, the other one thoroughly indebted to the commercial contingencies of everyday life. I think you've created an interesting synthesis between the two in your work.

FR: But when something's part of your education rather than part of your lived experience it's not so surprising to end up doing that. I didn't live through Abstract Expressionism and I didn't live through Pop Art. It's not like I had to take sides at the time or was part of the excitement. So in the end, as well as being art to be experienced and enjoyed, they're

also languages you can take parts of, or take part in with or without reverence.

SW: Painting as a language is an interesting metaphor, the way it's built and developed, the kinds of symbolic resonances it has, and how you might continually feed into that. That's something your paintings seem really to foreground, but not in a didactic way at all.

FR: I hope not.

SW: How does it feel looking back over the work?

FR: It is a surprise. I love the energy, but now there's a different kind of energy.

ILLUSTRATIONS / PLATES

Untitled (pink and blue) 1990 213,4 × 182,9 cm / 84 × 72 in

Untitled (grey and brown) **1991** 213,4 × 198 cm / 84 × 78 in

Untitled (black 1) 1990 213,4 × 198 cm / 84 × 78 in

Untitled (yellow) **1990** 213,4 × 198 cm / 84 × 78 in

Untitled (pale green 1) **1990** 213,4 × 198 cm / 84 × 78 in

Untitled (yellow and black) **1991** 213,4 × 182,9 cm / 84 × 72 in

Untitled (triptych 1) **1991** 213,4 × 365,8 cm / 84 × 144 in

Untitled (parliament) **1996** 274,3 × 243,8 cm / 108 × 96 in

Untitled (emergency room) **1996** 213,4 × 198 cm / 84 × 78 in

Bird House 1997 243,8 × 213,4 cm / 96 × 84 in

Green Shade 1997 243,8 × 213,4 cm / 96 × 84 in

Tomb Raider 1997 243,8 × 213,4 cm / 96 × 84 in

Lounge **1997** 243,8 × 213,4 cm / 96 × 84 in

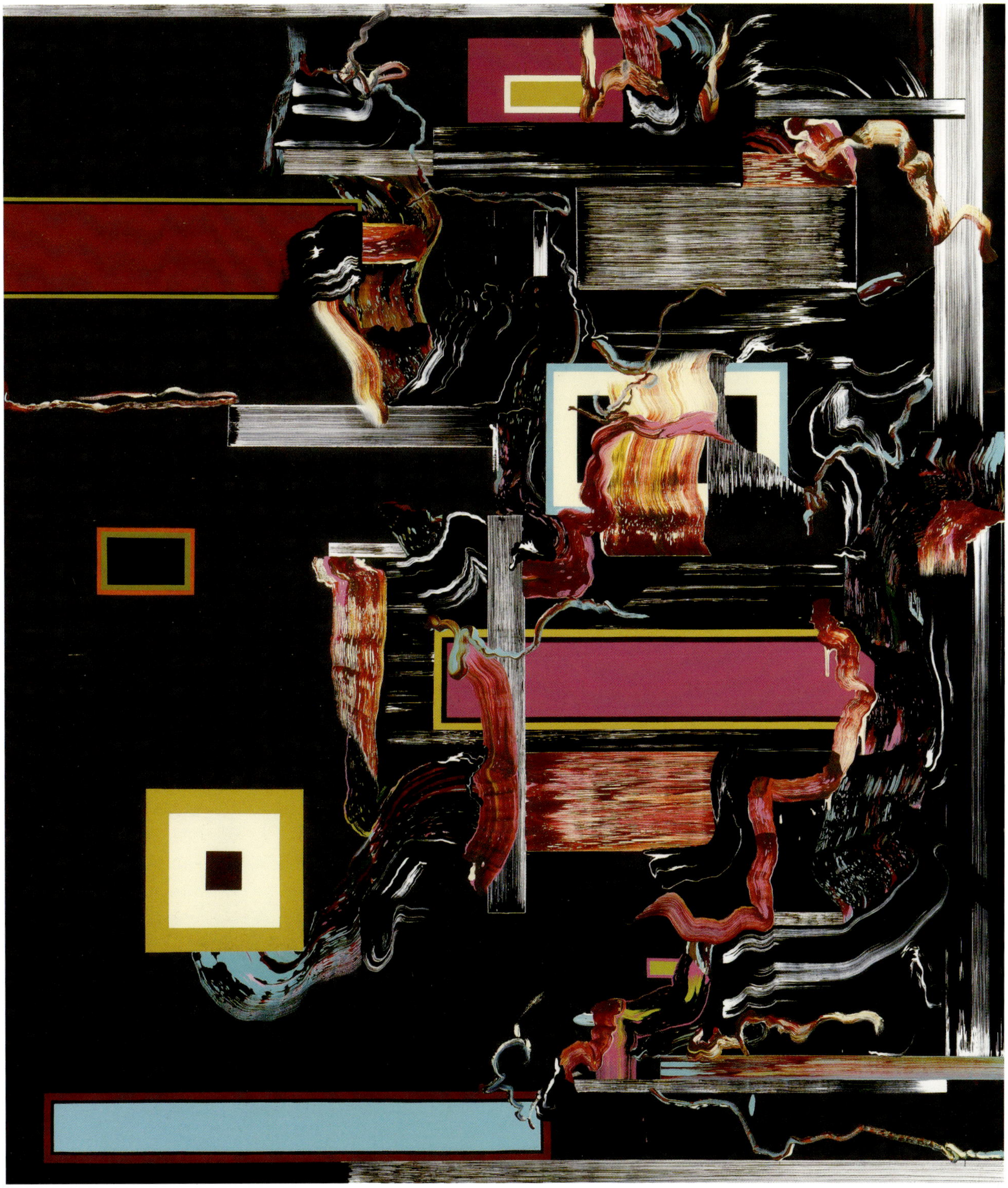

Evil Dead **1998** 243,8 × 213,4 cm / 96 × 84 in

Astronaut **1998** 243,8 × 213,4 cm / 96 × 84 in

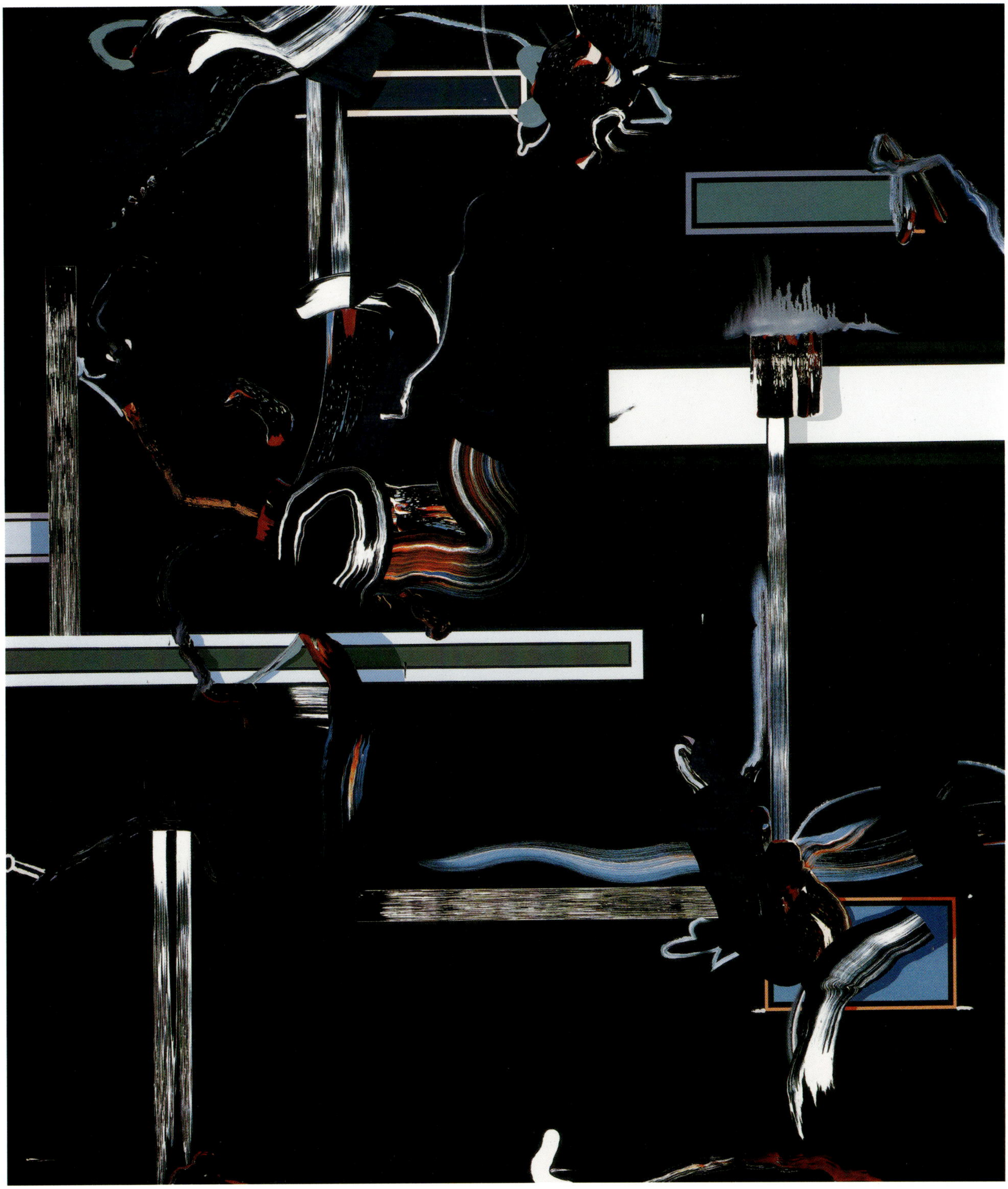

Creature 1998 243,8 × 213,4 cm / 96 × 84 in

Shadow Master **1998** 243,8 × 213,4 cm / 96 × 84 in

Defender **1998** 152,4 × 127 cm / 60 × 50 in

Night Vision 1998 243,8 × 213,4 cm / 96 × 84 in

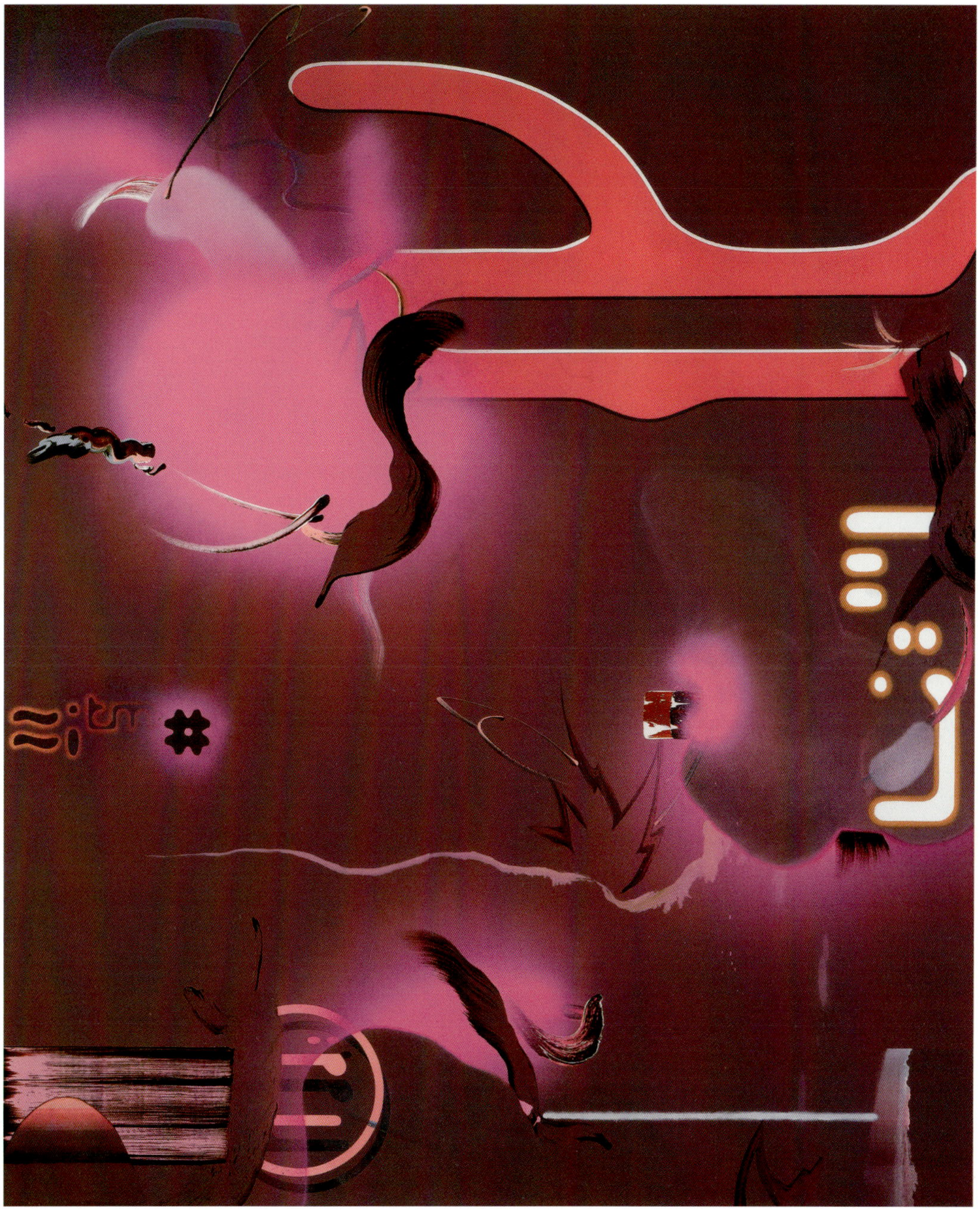

Kiss 2000 213,4 × 175,2 cm / 84 × 69 in

Dark Star **2000** 246,4 × 203,2 cm / 97 × 80 in

Wizard **2000** 246,4 × 203,2 cm / 97 × 80 in

Angel **2000** 246,4 × 203,2 cm / 97 × 80 in

Charm 2000 152,4 × 127 cm / 60 × 50 in

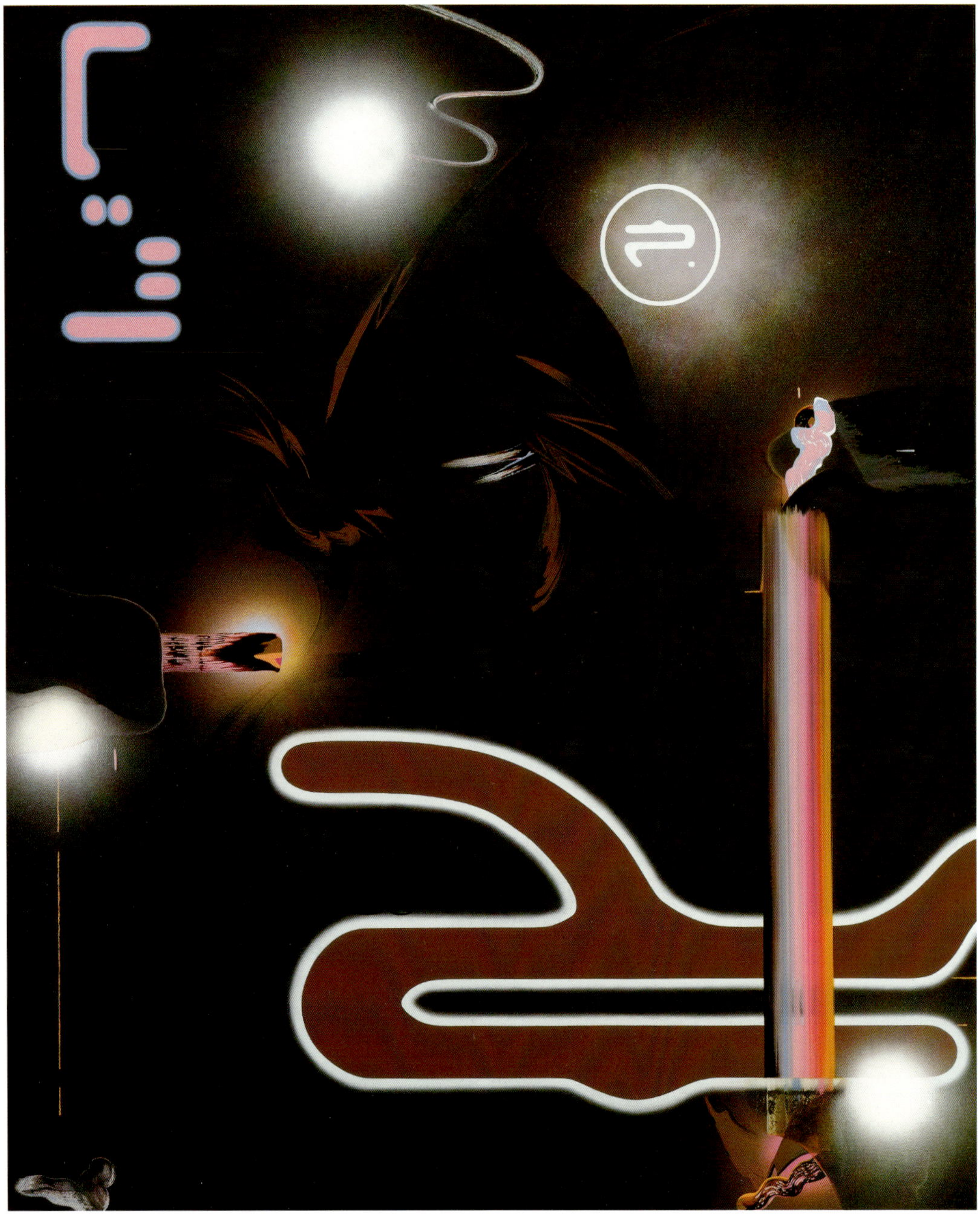

A Matter of Life and Death **2000** 213,4 × 175,2 cm / 84 × 69 in

Magic **2000** 213,4 × 175,2 cm / 84 × 69 in

Lovesexy **2000** 246,4 × 203,2 cm / 97 × 80 in

Rodeo **2001** 246,4 × 203,2 cm / 97 × 80 in

Starseed Lure **2001** 152,4 × 127 cm / 60 × 50 in

Bewitched **2001** 246,4 × 203,2 cm / 97 × 80 in

Ringworld 2001 246,4 × 203,2 cm / 97 × 80 in

Sweet Dreams **2001** 246,4 × 203,2 cm / 97 × 80 in

Jacaranda **2002** 231,1 × 190,5 cm / 91 × 75 in

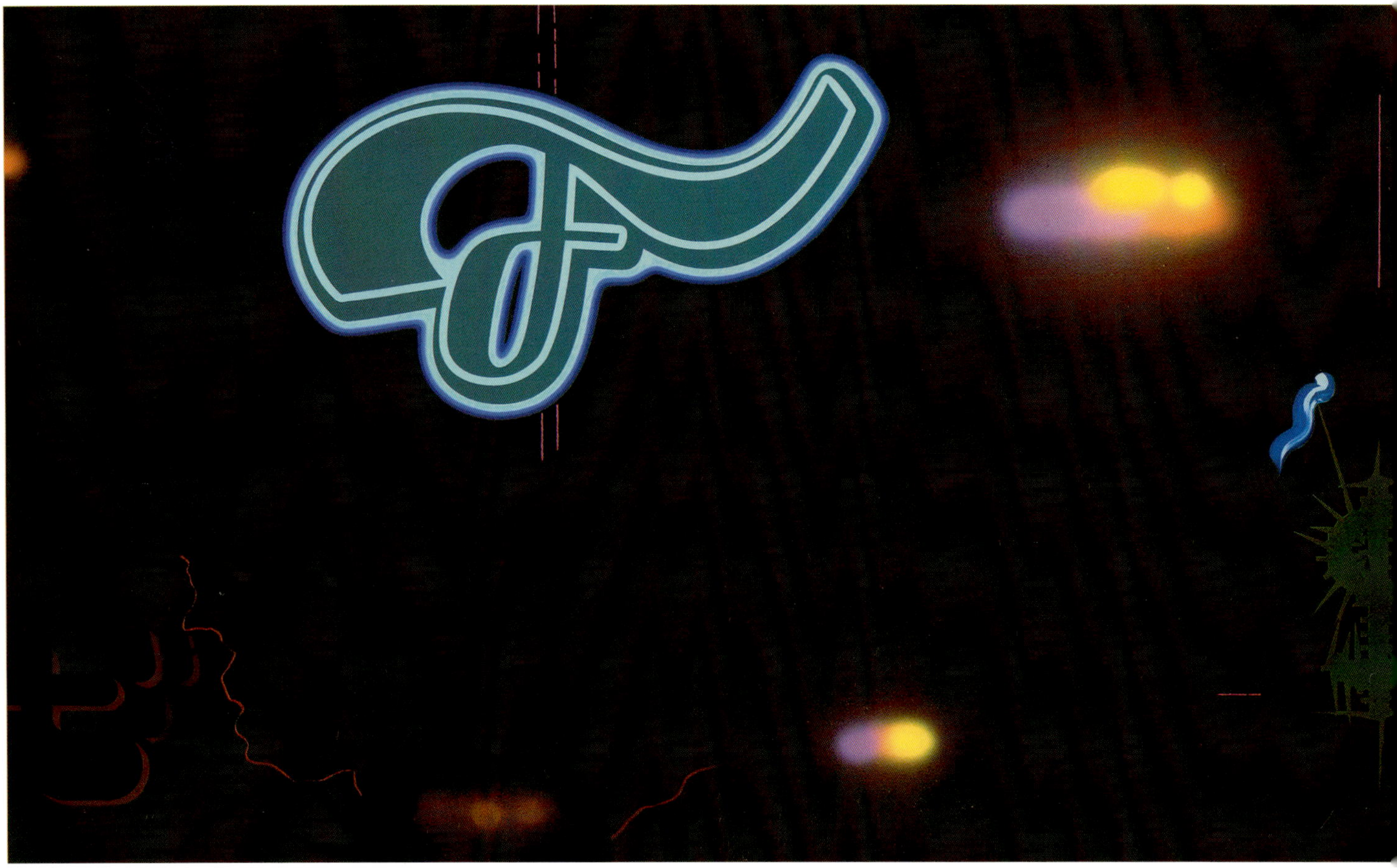

Trans-Island Skyway 2002 142,2 × 1005,6 cm / 56 × 396 in
voir page suivante / continues overleaf

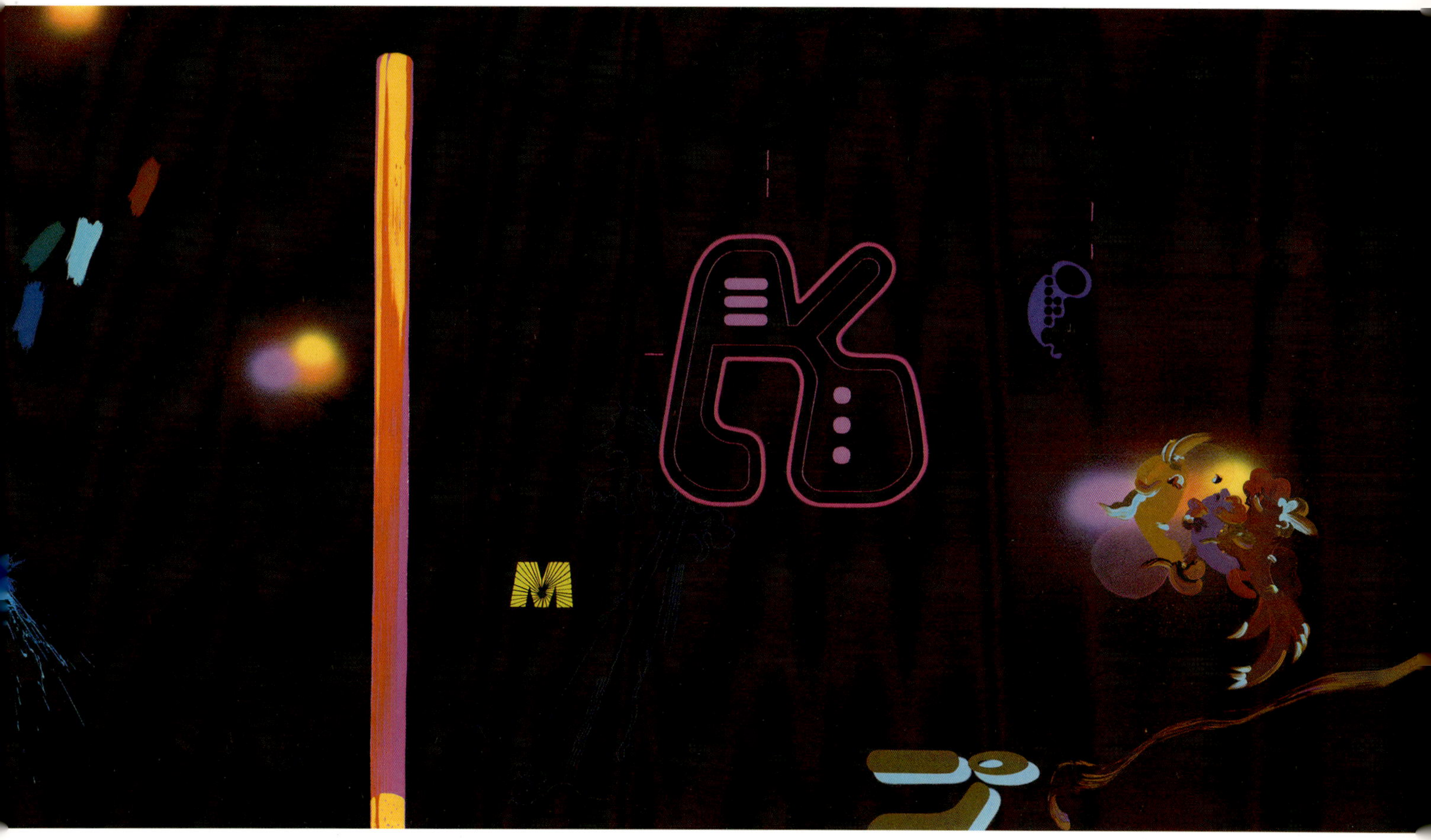

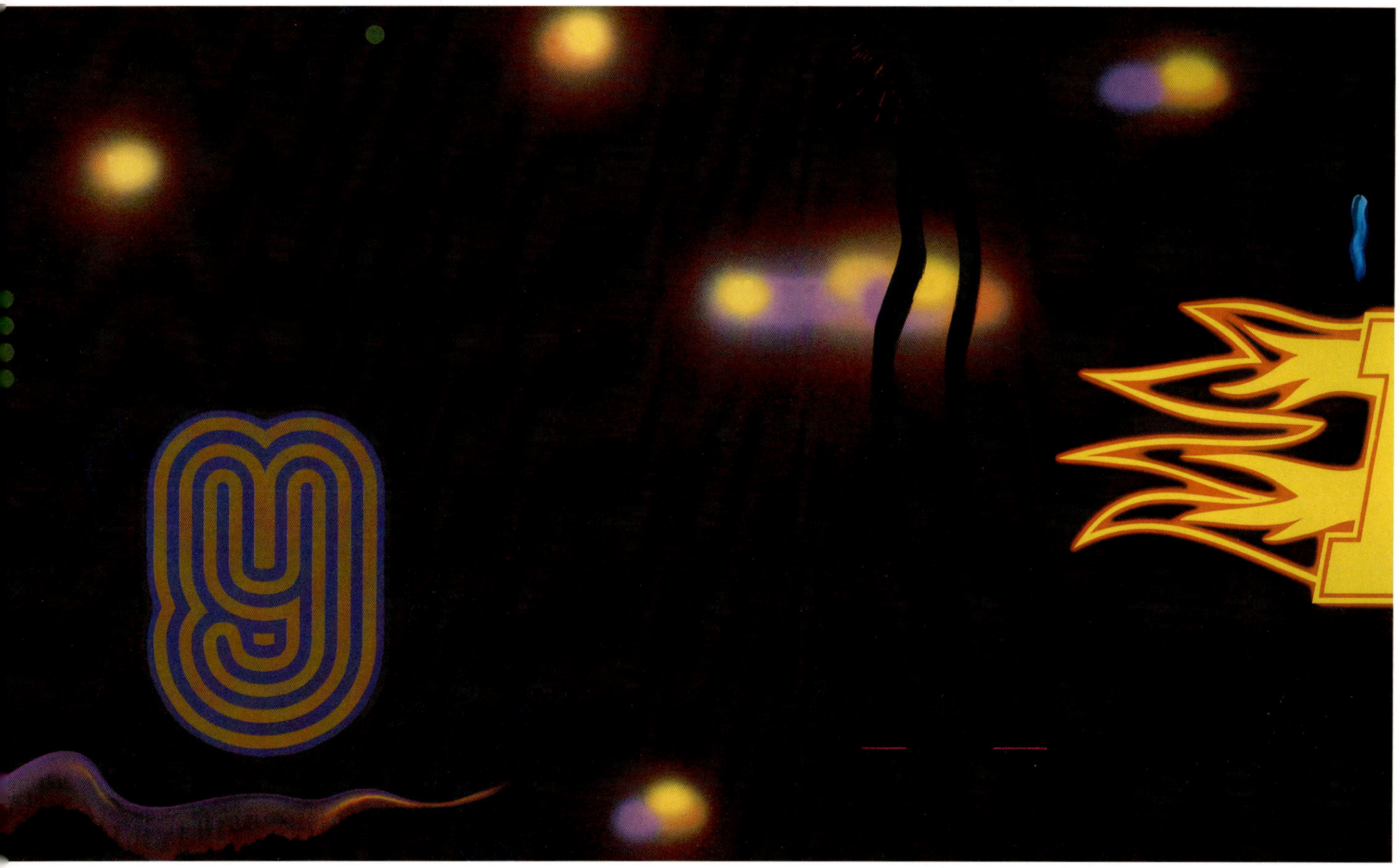

Untitled (pink and blue) **1990**
huile sur toile / oil on canvas
213,4 × 182,9 cm / 84 × 72 in
Collection particulière /
Private Collection, Switzerland

Untitled (grey and brown)
1991
huile sur toile / oil on canvas
213,4 × 198 cm / 84 × 78 in
Tate Gallery, London

Untitled (black 1) **1990** *
huile sur toile / oil on canvas
213,4 × 198 cm / 84 × 78 in
Marx Collection, Hamburger Bahnhof, Berlin

Untitled (yellow) **1990**
huile sur toile / oil on canvas
213,4 × 198 cm / 84 × 78 in
Tate Gallery, London

Untitled (pale green 1) **1990**
huile sur toile / oil on canvas
213,4 × 198 cm / 84 × 78 in
Arts Council Collection, Hayward Gallery,
London

Untitled (yellow and black)
1991
huile sur toile / oil on canvas
213,4 × 182,8 cm / 84 × 72 in
Collection de l'artiste / Collection of the artist

Untitled (triptych 1) **1991**
huile sur toile / oil on canvas
213,4 × 365,8 cm / 84 × 144 in
Collection Clodagh & Leslie Waddington

Untitled (parliament) **1996**
huile et acrylique sur toile /
oil and acrylic on canvas
274,3 × 243,8 cm / 108 × 96 in
Art Review Collection, London

Untitled (emergency room)
1996
huile et acrylique sur toile /
oil and acrylic on canvas
213,4 × 198 cm / 84 × 78 in
Tate Gallery, London

Bird House **1997**
huile et acrylique sur toile /
oil and acrylic on canvas
243,8 × 213,4 cm / 96 × 84 in
Collection d'art contemporain /
Collection of Contemporary Art, Fundació
"la Caixa", Barcelona

Green Shade **1997**
huile et acrylique sur toile /
oil and acrylic on canvas
243,8 × 213,4 cm / 96 × 84 in
Collection Michael & Ninah Lynne

Tomb Raider **1997**
huile et acrylique sur toile /
oil and acrylic on canvas
243,8 × 213,4 cm / 96 × 84 in
Collection Howard & Donna Stone

Lounge **1997** *
huile et acrylique sur toile /
oil and acrylic on canvas
243,8 × 213,4 cm / 96 × 84 in
Collection particulière /
Private Collection, New York

Evil Dead **1998**
huile et acrylique sur toile /
oil and acrylic on canvas
243,8 × 213,4 cm / 96 × 84 in
Collection Olbricht

Astronaut **1998**
huile et acrylique sur toile /
oil and acrylic on canvas
243,8 × 213,4 cm / 96 × 84 in
Courtesy Buchmann Galerie, Cologne

Creature 1998
huile et acrylique sur toile /
oil and acrylic on canvas
243,8 × 213,4 cm / 96 × 84 in
Collection de l'artiste / Collection of the artist

Shadow Master 1998 *
huile et acrylique sur toile /
oil and acrylic on canvas
243,8 × 213,4 cm / 96 × 84 in
Fonds Régional d'Art Contemporain
d'Auvergne, Clermont-Ferrand

Defender 1998
huile et acrylique sur toile /
oil and acrylic on canvas
152,4 × 127 cm / 60 × 50 in
Collection Howard & Donna Stone

Night Vision 1998
huile et acrylique sur toile /
oil and acrylic on canvas
243,8 × 213,4 cm / 96 × 84 in
Tate Gallery, London

Kiss 2000
huile et acrylique sur toile /
oil and acrylic on canvas
213,4 × 175,3 cm / 84 × 69 in
Collection Marie-Françoise & Gilles Fuchs,
Paris

Dark Star 2000
huile, acrylique et paillettes sur toile /
oil, acrylic and glitter on canvas
246,4 × 203,2 cm / 97 × 80 in
Birmingham Museums & Art Gallery. Acquis par The Contemporary Art Society Special Collection Scheme en faveur du Birmingham Museums & Art Gallery, grâce aux fonds de The Arts Council Lottery, 2001 /
Purchased by the Contemporary Art Society Special Collection Scheme on behalf of Birmingham Museums & Arts Gallery, with funds from the Arts Council Lottery, 2001.

Wizard 2000
huile et acrylique sur toile /
oil and acrylic on canvas
246,4 × 203,2 cm / 97 × 80 in
Collection particulière / Private Collection

Angel 2000
huile et acrylique sur toile /
oil and acrylic on canvas
246,4 × 203,2 cm / 97 × 80 in
Collection de l'artiste / Collection of the artist

Charm 2000 *
huile et acrylique sur toile /
oil and acrylic on canvas
152,4 × 127 cm / 60 × 50 in
Collection particulière / Private Collection

A Matter of Life and Death 2000
huile et acrylique sur toile /
oil and acrylic on canvas
213,4 × 175,2 cm / 84 × 69 in
Collection Nathalie Obadia, Paris

Magic 2000
huile et acrylique sur toile /
oil and acrylic on canvas
213,4 × 175,2 cm / 84 × 69 in
Collection particulière / Private Collection
Courtesy Buchmann Galerie, Cologne

Lovesexy 2000
huile, acrylique et paillettes sur toile /
oil, acrylic and glitter on canvas
246,4 × 203,2 cm / 97 × 80 in
Courtesy Timothy Taylor Gallery, London

Rodeo 2001
huile, acrylique et paillettes sur toile /
oil, acrylic and glitter on canvas
246,4 × 203,2 cm / 97 × 80 in
Courtesy Galerie Bob van Orsouw, Zürich

Starseed Lure 2001 *
huile, acrylique et paillettes sur toile /
oil, acrylic and glitter on canvas
152,4 × 127 cm / 60 × 50 in
Collection particulière / Private Collection,
Basel

Bewitched 2001
huile, acrylique et paillettes sur toile /
oil, acrylic and glitter on canvas
246,4 × 203,2 cm / 97 × 80 in
Courtesy Galerie Bob van Orsouw, Zürich

Ringworld 2001
huile, acrylique et paillettes sur toile /
oil, acrylic and glitter on canvas
246,4 × 203,2 cm / 97 × 80 in
Collection particulière /
Private Collection, Barcelona
Courtesy Buchmann Galerie, Cologne

Sweet Dreams 2001
huile, acrylique et paillettes sur toile /
oil, acrylic and glitter on canvas
246,4 × 203,2 cm / 97 × 80 in
Courtesy Timothy Taylor Gallery, London

Jacaranda 2002
huile, acrylique et paillettes sur toile /
oil, acrylic and glitter on canvas
231,1 × 190,5 cm / 91 × 75 in
Courtesy Galerie Nathalie Obadia, Paris

Trans-Island Skyway 2002
huile et acrylique sur toile /
oil and acrylic on canvas
3 panneaux / 3 panels
dimensions totales / total dimensions
142,2 × 1005,6 cm / 56 × 396 in
Courtesy Galerie Nathalie Obadia, Paris

* œuvres non exposées / works not in exhibition

FIONA RAE BIOGRAPHIE / BIOGRAPHY

1963 Née à / born in Hong Kong
1983–84 Croydon College of Art
1984–87 Goldsmiths' College, London (B.A. Fine Art)
1991 Sélectionnée pour / shortlisted for the Turner Prize, Tate Gallery, London

Vit et travaille à Londres / Lives and works in London

EXPOSITIONS PERSONNELLES / SOLO EXHIBITIONS

1990 Third Eye Centre (actuel / now Centre for Contemporary Art), Glasgow
Galerie Pierre Bernard, Nice
1991 Waddington Galleries, London
1992 Kunsthalle Basel, Basel
1993–94 Institute of Contemporary Arts, London
1994 John Good Gallery, New York
Galerie Nathalie Obadia, Paris
1995 Waddington Galleries, London
1996 Contemporary Fine Arts, Berlin
1997 Saatchi Gallery, London (avec / with Gary Hume)
The British School at Rome
Luhring Augustine Gallery, New York
1999 Kohji Ogura Gallery, Nagoya
Luhring Augustine Gallery, New York
2000 Buchmann Galerie, Cologne
Galerie Nathalie Obadia, Paris
fig-1, London
2001 Galerie Bob van Orsouw, Zürich
2002 Carré d'Art – Musée d'art contemporain, Nîmes
2003 CASA. Centro de Arte de Salamanca

EXPOSITIONS COLLECTIVES / GROUP EXHIBITIONS

1988 *Freeze*, Surrey Docks, London
1989 *New Year, New Talent*, Anderson O'Day Gallery, London
Promises, promises, Serpentine Gallery, London; itinérance à / toured to Ecole de Nîmes, Nîmes
1990 *The British Art Show*, McLellan Galleries, Glasgow; itinérance à / toured to Leeds City Art Gallery; Hayward Gallery, London
Aperto, Biennale di Venezia
Voorwerk 1, Witte de With Center for Contemporary Art, Rotterdam
Anthony Reynolds Gallery, London
1991 *Who Framed Modern Art or the Quantitative Life of Roger Rabbit*, Sidney Janis Gallery, New York
British Art from 1930, Waddington Galleries, London
Invitational, Tony Shafrazi Gallery, New York
A View of London, Salzburger Kunstverein, Salzburg
John Moores Liverpool Exhibition XVII, Walker Art Gallery, Liverpool
La Metafisica della Luce, John Good Gallery, New York
Abstraction, Waddington Galleries, London
Turner Prize Exhibition, Tate Gallery, London
1992 *The Contemporary Art Society: Eighty years of collecting*, Hayward Gallery, London; itinérance à / toured to Maclaurin Art Gallery, Ayr; Bristol City Museum and Art Gallery; Walker Art Gallery, Liverpool
Play Between Fear and Desire, Germans van Eck Gallery, New York
New Voices: recent paintings from the British Council collection, Centre de Conférence Albert Borschette, Brussels; itinérance à / toured to Musée National d'Histoire et d'Art, Luxembourg; itinérance en / toured Europe

1993 *Moving into View; Recent British Painting*, oeuvre de / work from the Arts Council collection, Royal Festival Hall, London; itinérance en / toured Britain
John Good Gallery, New York
Color, Pamela Auchincloss Gallery, New York
A Decade of Collecting : Patrons of New Art Gifts 1983–1993, Tate Gallery, London

1994 *Unbound: Possibilities in Painting*, Hayward Gallery, London
Chance, Choice and Irony, Todd Gallery, London; itinérance à / toured to John Hansard Gallery, The University, Southampton
Here and Now, Serpentine Gallery, London

1995 *Repicturing Abstraction*, Marsh Art Gallery, University of Virginia, Richmond
From Here, Waddington Galleries and Karsten Schubert, London
Malerei. Sechs Bilder – Sechs Positionen, Galerie Bugdahn und Kaimer, Düsseldorf
Des limites du tableau: les possibles de la peinture, Musée Départemental de Rochechouart, Haute-Vienne

1996 *Nuevas Abstracciones*, Palacio de Velázquez, Museo Nacional Centro de Arte Reina Sofia, Madrid; itinérance à / toured to Kunsthalle Bielefeld, Germany; Museu d'Art Contemporani, Barcelona

1996–98 *About Vision: New British Painting in the 1990s*, Museum of Modern Art, Oxford; itinérance à / toured to Fruitmarket Gallery, Edinburgh; Wolsey Art Gallery, Ipswich; Laing Art Gallery, Newcastle-upon-Tyne

1997 *Treasure Island*, Calouste Gulbenkian Foundation, Lisbon
Waddington Galleries, London
Paintings & Sculpture, Luhring Augustine Gallery, New York

1997–99 *Sensation: Young British artists from The Saatchi Collection*, Royal Academy of Arts, London; itinérance à / toured to Hamburger Bahnhof – Museum für Gegenwart, Berlin; Brooklyn Museum of Art, New York

1998 *ACE!*, Axis, http://www.lmu.ac.uk/ces/axis/
UK Maximum Diversity, Benger Fabrik, Bregenz, Vienna; itinérance à / toured to Atelierhaus der Akademie der bildenden Künste, Vienna
Up to 2000, Southampton City Art Gallery, Southampton
Exposition Inaugurale / Inaugural Exhibition, Luhring Augustine Gallery, New York

1999 *Colour Me Blind!*, Württembergischer Kunstverein, Stuttgart, itinérance à / toured to Städtische Ausstellungshalle am Hawerkamp, Münster; Dundee Contemporary Arts, Dundee
Reconciliations, DC Moore Gallery, New York
45–99: a personal view of British painting and sculpture par / by Bryan Robertson, Kettle's Yard, Cambridge, itinérance à / toured to The City Gallery, Leicester

2000 *Zeitgenossen/Contemporaries: Malerei*, Galerie Edition Kunsthandel, Essen
Europa: differenti prospettive nella pittura, Fondazione Michetti Francavilla al Mare
Aspectos de la Coleccion, Coleccion de Arte Contemporaneo, Fundació 'La Caixa', Madrid

2001 *Hybrids: International Contemporary Painting*, Tate Liverpool, Liverpool

2002 *Künsterlerräume / Sammlerräume*, Kunstmuseum St Gallen
Talking Pieces: Text and Image in Contemporary Art, Museum Morsbroich, Leverkusen

2003 *Painting Pictures: Painting and Media in the Digital Age*, Kunstmuseum Wolfsburg

FIONA RAE BIBLIOGRAPHIE / BIBLIOGRAPHY

CATALOGUES D'EXPOSITIONS PERSONNELLES / SOLO EXHIBITION CATALOGUES

1990 Fiona Rae, Third Eye Centre, Glasgow (livre d'artiste / artist's book)

1991 Fiona Rae, texte par / text by Stuart Morgan, 'Playing for Time', Waddington Galleries, London

1992 Fiona Rae, texte par / text by Thomas Kellein, 'La dolce prospettiva', Kunsthalle Basel, Basel

1993 Fiona Rae, texte par / text by Emma Dexter, 'Rehearsing the Spontaneous', ICA, London (catalogue d'exposition / exhibition guide)

1994 Fiona Rae, texte par / text by Emma Dexter, John Good Gallery, New York

1995 Fiona Rae, texte par / text by Richard Shone, Waddington Galleries, London

1996 Fiona Rae, texte par / text by Richard Shone, interview par / by Daniel Richter, Contemporary Fine Arts, Berlin

1997 Fiona Rae, Gary Hume, texte par / text by Sarah Kent, The Saatchi Gallery, London

1999 Fiona Rae: Paintings, texte par / text by Michael Tarantino, 'Between Control and Abandon', Kohji Ogura Gallery, Nagoya

2002 Fiona Rae, textes par / texts by Jean-Pierre Criqui, 'Vermeer chez les Spice Girls: Un Dialogue', et / and Simon Wallis, 'L'œuvre de Fiona Rae', interview par / by Simon Wallis, Carré d'Art, Nîmes

SÉLECTION DE CATALOGUES D'EXPOSITIONS COLLECTIVES / SELECTED GROUP EXHIBITION CATALOGUES

1988 *Freeze*, texte par / text by Ian Jeffrey 'Platonic Tropics', Surrey Docks, London

1989 *Promises, promises*, texte par / text by Adrian Searle 'Promises, promises', Serpentine Gallery, London

1990 *The British Art Show 1990*, texte par / text by Caroline Collier 'Climate', et compte-rendu d'artiste / and artist's statement, Hayward Gallery, London

Catalogue General 1990: XLIV Esposizione internazionale d'arte La Biennale di Venezia, Venezia

Voorwerk1, texte par / text by Chris Dercon, Witte de With, Center for Contemporary Art, Rotterdam (livre d'artiste / artist's box)

1991 *The Turner Prize 1991*, texte par / text by Sean Rainbird, 'Fiona Rae', Tate Gallery, London (petit journal / exhibition broadsheet)

1993 *New Voices: British painting – A selection 1989–1992*, ed. Gill Hedley & Brett Rogers, The British Council

1994 *Unbound: Possibilities in Painting*, textes par / texts by Adrian Searle, 'Unbound' and 'Fiona Rae', Hayward Gallery, London

1995 *Repicturing Abstraction*, texte par / text by Richard Waller, 'The abducted image: abstraction in the age of appropriation', Marsh Art Gallery, University of Virginia, Richmond

From Here, texte par / text by Andrew Wilson, Waddington Galleries, London

Des limites du tableau: les possibles de la peinture, textes par / texts by Jean-Marc Prévost, 'Des limites du tableau: les possibles de la peinture', et / and Ann Hindry, 'Peinture et peintures: Le désir de signification', Musée Départemental de Rochechouart, France

New Voices, texte par / text by Adrian Searle, The British Council, (édition révisée / revised edition)

1996 *Nuevas Abstracciones*, textes par / texts by Enrique Juncosa, Arthur C. Danto & Demetrio Paparoni, Museo Nacional Centro de Arte Reina Sofía, Madrid; Museu d'Art Contemporani de Barcelona

Abstrakte Malerei heute / Nuevas Abstracciones, textes par / texts by Arthur C. Danto & Enrique Juncosa, Kunsthalle Bielefeld

About Vision: New British Painting in the 1990s, texte par / text by David Elliott et compte-rendu d'artiste / and artist's statement, Museum of Modern Art, Oxford

1997 *Treasure Island*, textes par / texts by Jorge Mulder & Rui Sanches, Calouste Gulbenkian Foundation, Lisbon

Sensation: Young Artists from the Saatchi Collection, textes par / texts by Norman Rosenthal, Richard Shone, Martin Maloney, Brooks Adams & Lisa Jardine, Thames and Hudson en collaboration avec / in association with the Royal Academy of Arts, London

2000 *Colour Me Blind! Malerie in Zeiten von Computergame und Comic*, textes par / texts by Lane Relyea 'Abstract Art and Its Different Modes of Address in the 1960s and Today', & Ralf Christofori, 'Colour Me Blind!' and 'Fiona Rae – You Win!', Württembergische Kunstverein Stuttgart, Verlag der Buchhandlung Walther König

2001 *fig-1: 50 projects in 50 weeks*, interview par / by Mark Francis, 'Fiona Rae', fig-1 & Tate Magazine publishing

Hybrids: International Contemporary Painting, textes par / texts by Simon Wallis, introduction 'Fiona Rae', & David Ryan, 'Hybrids', Tate Liverpool

SÉLECTION D'ARTICLES DE PRESSE / SELECTED PERIODICAL AND NEWSPAPER ARTICLES

1988 Craddock, Sacha: 'The Fast Dockland track to simplicity', *The Guardian*, 13 September

1990 Allthorpe-Guyton, Marjorie: 'Take Three: Fiona Rae', *Artscribe*, April, no.80, p.56

Renton, Andrew: (interview) *Flash Art* (Italien / Italian), no.157, pp.90–91

1991 Graham-Dixon, Andrew: 'Who Are The Artists to Watch?; Great Britain: Fiona Rae', *ARTnews*, April

Kent, Sarah: 'Rae of hope', *Time Out*, 5–12 June

Graham-Dixon, Andrew: 'Of an uncertain age', *The Independent*, 11 June, p.14

Morgan, Stuart: 'Fiona Rae', *Frieze*, vol.1, October/November, p.10

1992 Madoff, Steven Henry: 'A New Lost Generation', *ARTnews*, April, vol.91, no.4, pp.72–77

Kellein, Thomas: 'La dolce prospettiva', *Art Press*, édition internationale / International edition, no.175, Décembre, pp.26–29

1993 Buck, Louisa: 'Exposure: Fiona Rae', *The Sunday Times*, 28 November

Packer, William: 'Driven to abstraction', *The Financial Times*, 21 December

1994 Kazanjian, Dodie: 'Brushing up', *Vogue* (Amérique / American), January, pp.128–133

Smith, Roberta: 'Fiona Rae's brand of chaos', *The New York Times*, 20 May

'Fiona Rae', *Bijutsu Techo* (Japon / Japan), vol.46, no.688, 5 May, pp.50–52

Cameron, Dan: 'Fiona Rae', *Artforum*, September, p.102

Wei, Lilly: 'Fiona Rae at John Good', *Art in America*, October, p.131

Kaneda, Shirley: 'Fiona Rae' (interview), *Bomb*, fall, XXXXIX

Zarcate, Pierre: 'Fiona Rae' (interview), *Le Journal des Expositions*, no.18, Septembre, p.4

Suchère, Eric: 'Fiona Rae', *Beaux Arts Magazine*, no.126, Septembre, p.115

Pietsch, Hans: 'Panoramen der Schönen Leere', *Art: Das Kunstmagazin*, no.10, October, p.63

1995 Kastner, Jeffrey: 'Fiona Rae: True Believer', *ARTnews*, February, pp.59–60

'Fiona Rae on George Herriman's Krazy Kat: A brush with genius: 16', *The Guardian*, 17 October

Bell, Julian: 'Fiona Rae and Alison Watt: Different Rooms', *Modern Painters*, Autumn, pp.90–92

Hall, James: 'A game of hide and seek', *The Guardian*, 24 October

Hall, Charles: 'Raw talent makes its mark', *The Times*, 1 November

Hall, Charles: 'Rae of hope', *Art Review*, November, pp.30–31

Hindry, Ann, 'L'issue du formalisme à travers Jasper Johns et Susan Rothenberg', *Art Press*, n°16, pp.36–40

1996 Maloney, Martin: 'Fiona Rae: Waddington Galleries', *Flash Art*, vol.XXIX, no.186, January–February, pp.104–105

Hall, James: 'Fiona Rae: Waddington Galleries', *Artforum International*, February, p.94

Herbstreuth, Peter: 'Jedes Bild ist eine Explosion', *Der Tagesspiegel* , 20 July

Graham-Dixon, Andrew: 'On the surface', *The Independent*, 19 November, pp.4–5

Wilson, Andrew: 'The Vision Thing', *Art Monthly*, no.202, December 96–January 97, pp.7–9

1997 Shone, Richard: 'Oxford: About Vision', *The Burlington Magazine*, March, pp.208–209

Sumpter, Helen: 'Rae of light', *The Big Issue*, no.215, 13–19 January, pp.20–21

Kent, Sarah: 'Virtual reality', *Time Out*, no.1378, 15–22 January, p.45

Cork, Richard: 'Teasing and pleasing in full colour', *The Times*, 21 January, p.35

Maloney, Martin: 'Fiona Rae' (interview), *Flash Art*, vol.XXX, no.192, January/February, pp.84–87

Packer, William: 'Explosive pictorial lives', *The Financial Times*, 4 February, p.19

Pieroni, Augusto: 'Geometrie e gestualità per Fiona Rae' (avec / with interview), *Liberazione*, 28 May, p.26

Cotter, Holland: 'Fiona Rae', *The New York Times*, 31 October

1998 Diehl, Carol: 'Fiona Rae: Luhring Augustine', *ARTnews*, January, p.132

McDonough, Tom: 'Fiona Rae at Luhring Augustine', *Art in America*, February, pp.103–104

Hopton, Georgie (interview): 'Fiona Rae', *Transcript – A Journal of Visual Culture*, vol.3, n° 2, pp.66–75

1999 Kimmelman, Michael, 'Fiona Rae, Luhring Augustine', *The New York Times*, 7 May, p. 34

Siegel, Katy, 'Fiona Rae; Luhring Augustine', *Artforum*, September, p.167

'Art Crystal Ball' (commande d'oeuvre / commissioned artwork), *Interview*, October 1999, p. 228

ed. Sweet, David, The New Painters, actes de la conférence à / conference transcript at Tate Gallery, Liverpool, 30 October

2000 Hindry, Ann, 'Fiona Rae: Pulp Painting, painting's noisy window', *Art Press*, n° 259, Juillet/Août, pp.38–42

Dagen, Philippe, 'L'art après la télévision', *Le Monde*, 11–12 Juin

2001 Lillington, David, 'Fiona Rae', '50 projects in 50 weeks', *Art Monthly*, February, p.44

Herbert, Martin, 'Fiona Rae: Future Perfect', *Art Review*, June, pp.44–45

2002 Darwent, Charles, 'Fiona Rae', *Art Review*, September, pp.46–49

RÉFÉRENCES COMPLÉMENTAIRES / FURTHER REFERENCES

1994 Kent, Sarah, *Shark Infested Waters: The Saatchi Collection of British Art in the 90s*, incluant l'essai / includes the essay 'Fiona Rae', London

1996 Capelo, Francisco, *The Berardo Collection*, Sintra Museum of Modern Art, Portugal

Hunt, Ian, (ed.), *What the Butler Saw: Sélection d'écrits par / selected Writings by Stuart Morgan*, incluant l'essai / includes the essay 'Fiona Rae: Playing for Time', Durian Publications, London

Schmitz, Britta, *Sammlung Marx: Band I*, 'Fiona Rae' Hamburger Bahnhof – Museum für Gegenwart, Berlin

The 20th-Century Art Book, Phaidon Press, London

1997 Buck, Louisa, *Moving Targets: A User's Guide to British Art Now*, Tate Gallery Publishing, London

Button, Virginia, *The Turner Prize*, Tate Gallery Publishing, London

Collings, Matthew, *Blimey!*, 21 Publishing, Cambridge

Shand Kydd, Johnnie, *Spit Fire: Photographs from the Art World 1996/7*, Thames and Hudson, Violette Editions, London

1999 *Young British Art: The Saatchi Decade*, essais par / essays by Sarah Kent 'Nine Years', Richard Cork 'Everyone's story is so different: Myth and Reality in the YBA/Saatchi Decade', Dick Price 'It was the best of times, it was the worst of times...', Booth-Clibborn Editions

Deblonde, Gautier, *artists* (photographes / photographs), texte par / text by Mel Gooding 'images for a book', Tate Publishing, London

Vision: Fifty Years of British Creativity, Thames and Hudson

2001 de Corral, Maria & Vilarasau, Josep (ed.) *Catalogue Raisonné*, Collection of Contemporary Art, Fundació 'La Caixa'

2002 Prévost, Jean-Marc, *Acquisitions 1992–2001*, Musée Départemental d'art contemporain de Rochechouart

COLLECTIONS PUBLIQUES / PUBLIC COLLECTIONS

Arts Council of Great Britain
Astrup Fearnley Museum of Modern Art, Oslo
Birmingham Museums & Art Gallery
British Council, London
Calouste Gulbenkian Foundation, Lisbon
Contemporary Art Society, London
Corcoran Gallery of Art, Washington D.C.
Fondation-musée d'Art Moderne Grand-Duc Jean, Luxembourg
Fonds National d'Art Contemporain (FNAC), Paris
Fonds Régional d'Art Contemporain d'Ile de France
Fonds Régional d'Art Contemporain d'Auvergne, Clermont-Ferrand
Fundació 'la Caixa', Barcelona
Government Art Collection, London
Hamburger Bahnhof – Museum für Gegenwart, Berlin SMPK. Marx Collection
Musée Départemental d'art contemporain de Rochechouart, Haute-Vienne
Sintra Museum of Modern Art, Berardo Collection, Portugal
Stuyvesant Foundation, Amsterdam
Southampton City Art Gallery
Tate Collection, London
Walker Art Gallery, Liverpool

Fiona Rae est représentée par / is represented by Buchmann Galerie, Cologne, Galerie Nathalie Obadia, Paris, Galerie Bob van Orsouw, Zürich & Timothy Taylor Gallery, London.

Cet ouvrage a été publié à l'occasion de l'exposition Fiona Rae, organisée par Carré d'Art – Musée d'art contemporain de Nîmes du 11 octobre 2002 au 5 janvier 2003 et CASA. Centro de Arte de Salamanca, de février à mars 2003 / this book was published to mark the Fiona Rae exhibition organized by Carré d'Art – Musée d'art Contemporain from 11 October 2002 to 5 January 2003 and CASA. Centro de Arte de Salamanca from February to March 2003.

Cette manifestation a été réalisée grâce à la ville de Nîmes, la ville de Salamanca et avec le soutien du / this event was made possible thanks to the municipality of Nîmes and the municipality of Salamanca, under the auspices of Ministère de la Culture et de la communication, Direction Régionale des Affaires Culturelles Languedoc-Roussillon & British Council.

Commissariat de l'exposition /
Exhibition curator: Françoise Cohen

Carré d'Art:
Responsable administratif /
Administration manager: José Santana
Secrétariat / Secretariat: Carole Despieuch
Réalisation technique / Technical production:
Bernard Sauzet, Jean-Louis Veux
Service culturel / Culture department:
Sophie Gauthier
Communication / Public relations:
Delphine Verrières

CASA. Centro de Arte de Salamanca:
Alberto Martín
Victoria del Val
Cristina Zelich

Conception graphique / Book design:
Peter B. Willberg
Traduction / Translation:
Jeanne Bouniort & John Lee
Impression / Printed by: EBS, Verona, Italy

ISBN 2-907650-28-9

Dépôt légal: octobre 2002

Nos remerciements vont à tous ceux, collectionneurs, responsables de galeries ou de collections publiques qui, par leurs prêts et leurs conseils, ont rendu possible la réalisation de cette manifestation / We wish to thank all those collectors, gallery owners and persons in charge of public collections whose loans and advice have made this exhibition possible:

Art Review Collection, London
Arts Council Collection, Hayward Gallery, London
Birmingham Museums & Art Gallery, Birmingham
Clodagh & Leslie Waddington
Collection d'art contemporain / Collection of Contemporary Art, Fundació La Caixa, Barcelona
Howard & Donna Stone
Marie-Françoise & Gilles Fuchs, Paris
Michael & Ninah Lynne
Tate Gallery, London
Dr Thomas Olbricht

Ainsi qu'à tous les collectionneurs qui ont préféré garder l'anonymat /
And also all those collectors who have preferred to remain anonymous

Nos remerciements les plus chaleureux vont également à /
Our warmest thanks also to:
Timothy Taylor Gallery, London, Buchmann Galerie, Cologne, Galerie Bob van Orsouw, Zürich & Galerie Nathalie Obadia, Paris.

L'artiste souhaite remercier particulièrement /
the artist also wishes to thank Dan Perfect and Faye Fleming

Carré d'Art

VILLE DE NIMES

Liberté • Égalité • Fraternité
RÉPUBLIQUE FRANÇAISE
Culture Communication

CASA Centro de Arte de Salamanca

BRITISH COUNCIL